불교란 무엇이 아닌가

불교를 둘러싼 23가지 오해와 답변

LE BOUDDHISME, Idées Reçues
by Bernard Faure © Le Cavalier Bleu, 2004
All rights reserved.

Korean translation copyright © 2011 GREENBEE PUBLISHING COMPANY.
This Korean edition published by arrangement with LE CAVALIER BLEU c/o CHANTAL
GALTIER ROUSSEL, LITERARY AGENT through Yu Ri Jang Literary Agency, Korea.

불교란 무엇이 아닌가 : 불교를 둘러싼 23가지 오해와 답변

초판 1쇄 발행 _ 2011년 3월 5일
초판 2쇄 발행 _ 2014년 3월 15일

지은이 · 베르나르 포르 | 옮긴이 · 김수정

펴낸이 · 노수준, 박순기
펴낸곳 · (주)그린비출판사 | 등록번호 · 제313-1990-32호
주소 · 서울시 마포구 동교로17길 7, 4층(서교동, 은혜빌딩)
전화 · 702-2717 | 팩스 · 703-0272

ISBN 978-89-7682-355-7 94100
이 도서의 국립중앙도서관 출판시도서목록(CIP)은 e-CIP홈페이지(http://www.nl.go.kr/ecip)와
국가자료공동목록시스템(http://www.nl.go.kr/kolisnet)에서 이용하실 수 있습니다(CIP제어번호:
CIP2011000774).

그린비 출판사 나를 바꾸는 책, 세상을 바꾸는 책
홈페이지 · www.greenbee.co.kr | 전자우편 · editor@greenbee.co.kr

불교사상 시리즈
04

불교란 무엇이 아닌가

불교를 둘러싼 23가지 오해와 답변

베르나르 포르 지음 | 김수정 옮김

그린비

한국어판 서문

몇 해 전 프랑스의 한 출판사가 '통념'이라는 주제로 시리즈물을 기획하기 시작했다. 이 짤막한 책은 그 시리즈 중 하나로, 출판사 측의 제안으로 집필을 하게 된 것이다. 다양한 통념들이 이 시리즈에서 다루어지고 있다. 실로 우리는 수많은 '통념' 속에 사로잡혀 살고 있다고 해도 과언이 아닐 것이다. 기존의 사람들이 쌓아 온 사고체계의 중요성을 부인하는 것은 아니지만, 한편으로 이러한 일반적 통념이 논의 대상을 지나치게 단순화시키는 면이 있다는 지적도 그에 못지않게 중요하다고 본다. 알베르트 아인슈타인도 "가능하면 간단하게, 그러나 단순하지는 않게"라고 말하지 않았던가.

불교의 경우, 이러한 단순화의 시도가 종종 도를 넘는 경우를 볼 수 있다. 따라서 이렇게 단순화된 부분을 비판적으로 재검토하는 것은 필요한 작업이라고 생각한다. 현재 불교가 무엇인지에 관한 수많은 서적들이 시중에 나와 있으며, 그 책들은 각기 나름대로 "불교가 무엇인지" 설명하고 있다. 하지만 본인은 이 책을 통해 기존의 책들과는 조금 다른 관점에서 "무엇이 불교가 아닌지"를 설명하고자 한다.

불교는 긴 정치·경제·사회사적인 배경을 갖고 있으며, 또 복잡한 수행, 교리, 의례 전통을 모두 포함한다. 하지만 현재 서구와 동양 일각에서 소위 '신불교'neo-Buddhism라고 하는, 여러 가지 새로운 불교 전통이 마치 자신들이 유구한 불교 전통 전체를 대표하는 듯 포장을 하고 있는데, 과연 그런지 생각해 볼 필요가 있다. 불교 전통은 시대에 맞춰 변화할 필요가 있었으며, 그 변화의 과정 속에서 전통을 지키기 위해 여러 가지 어려운 결단을 내려야 했었다. 이 '신불교'라는 형태는 여기서 파생된 문제에 대한 대가를 치르는 것이라고 할 수 있을 것이다.

현재 우리 사회 속에서 불교를 둘러싸고 새롭게 등장한 여러 가지 문제점들이 많은 학자들에 의해 제기되고 있다. 현대 서구사회에서 종종 불교란 행복을 추구하는 종교, 혹은 마치 현대인들의 정신적 스트레스를 풀어 주는 일종의 치료제처럼 인식되고 있다. 이 책은 이처럼 서구의 언론매체나 여러 대중문화 속에서 널리 알려진 불교에 대한 일반적 통념에 대해 문제를 제기하고자 하며, 이러한 비판은 불교 전통이 가진 정체성을 유지하는 데 중요한 작업이라고 생각한다.

이 책은 기본적으로 서구 독자들을 대상으로 하고 있다. 하지만 현재 동양이 가진 불교 전통을 현대 문명사회에서 어떻게 재해석할 것인가에 대한 문제가, 한국의 독자들에게도 조금이나마 시사하는 바가 있지 않을까 기대해 본다. 이런 점에서 이 책이 한국어로(일본어 번역도 곧 출간 예정이다) 번역되어 출간되는 것을 대단히 기쁘게 생각하며, 한국 독자들과의 만남이 설렌다.

베르나르 포르

머리말

인도인이 말했다. "뭘 원하는 거요! 그자는 자신의 나라, 자신이 속한 정당, 심지어 자기 자신에 대해서까지 편견으로 가득 찬 자란 말이오."

일본인이 말했다. "오, 편견이 너무나 많군요!"

　　　　　　　　　　　　　　　　　　　　—볼테르, 『철학사전』

최근 수많은 정치적 압력을 받고 있는 이슬람과는 달리, 오늘날 서구사회에서 불교는 우호적인 종교로 인식되고 있다. 그러나 19세기 오리엔탈리스트들의 담론에서 그 단적인 예를 찾을 수 있듯이 서구에서 불교가 늘 우호적인 종교로 인식되어 온 것은 아니었다. 당시 서구 선교사들과 식민주의자들은 불교와 이슬람을 한데 묶어서 생각하는 경향이 있었는데, 그들은 이 종교들이야말로 식민지사회에서 사회적·경제적·정치적·정신적 퇴보를 가져온 주범이라고 생각했다. 현재 서구사회에서 불교를 높이 평가하는 것은 식민지시대 당시 불교를 업신여기던 때에 비해서는 굉장히 진보한 태도이지만, 이렇게 변화한 인식에조차 여전히 불교에 대한 오리엔탈리즘적인 냄새는 옅게나마 배어 있다.

　최근 대중매체에서는 소수 지식인들의 영향으로 불교에 대해 관심을 갖고, 주로 서구사회에서 불교가 성장하게 된 사회학적 중요성에 대해 보도한다. 서구사회에서 불교가 가진 위상은 이렇게 역전되었지만, 그럼에도 불구하고 우리는 과연 불교에 대해서 무엇을 알고 있는가? 우리가 불교에 대해 갖고 있는 지식이 19세기에 비해서는 상당히 진보했음은 자명하나, 여전히 불교에 대한 지식은 특정한 관습적 사고 속에 사로잡혀, 문제제기와 질문의 범위가 늘 같은 영역 안에서 맴돌고 있다.

　일반 대중들은 보통, 불교에 대해서 특정한 이미지를 갖고 있으며 마치 그것이 불교의 다인 양 여긴다. 서구에서 자주 접하게 되는 불교에는 티베트불교, 선불교禪佛敎, 그리고 상좌부불교上座部佛敎, Theravāda 등이 있다. 특히 티베트불교는 인도 대승불교大乘佛敎의 영향을 크게 받았으며, 밀교와 교리 탐구를 중심으로 한 불교의 전통이 합쳐져 특별한 형태로 발달한 불교이다. 선불교는 6세기경 중국에서 발전하기 시작했는데, 현재 서양에는 중세 일본에서 발전한 선불교의 형태가 잘 알려져 있다. 선불교가 불교사 전체에서 갖는 중요성에도 불구하고, 선불교는 단지 '대승불교'의 한 분파 정도로 여겨지기도 한다. 한편 다른 동아시아불교는 유럽과 미국에서 그다지 알려져 있지 않은 실정이다. 상좌부불교란 스리랑카, 미얀마, 태국, 캄보디아, 라오스 등지의 동남아시아에서 가장 큰 영향력을 발휘하고 있는 불교의 형태인데, 이는 초기 불교의 수많은 학파 불교 중 유일하게 살아남은 한 전통이 근대적 모습을 갖게 된 것이라 할 수 있다.

　이렇게 다양한 형태의 불교들이 존재함에도 불구하고, 대부분의 서양인들은 '불교'라는 단어를 들으면 기본적으로 머릿속에서는 티베트불교를 연상한다. 이처럼 불교가 보편적인 가르침이면서도, 특정한 모습으로 드러나는 점은 특히 근래 서구에서 크게 인기를 얻었던 『승려와 철학자』The Monk and the Philosopher라는 책에서 잘 드러난다. 이 책은 장 프랑수아 르벨Jean-François Revel이라는 '철학자'와 달라이 라마Dalai Lama의 제자가 된 아들, '승려' 마티유 리카르Matthieu Ricard 간의 대화를 담고 있는 책이다. 이 책은 서양에서 불교가 현재 어떻게 받아들여지고 있는가를 압축적으로 잘 보여 주고 있는데, 대부분 정확하게 짚고 있는 듯이 보이기는 하다. 하지만 자세히 보면, 이 책 역시 어떠한 정통성을 확보하고자 하는 경향이 있으며, 이러한 태도는 주의 깊게 살펴볼 필요가 있다. 그러므로 다소 일부러 이것을 공격하려는 듯 비춰질 수 있을지라도, 이 책에 대한 비판적 시각은 필요하리라고 생각한다. 그렇다면 지금부터 불교사에서 중요한 지점들을 짚어 보기로 하자.

불교에 대해 사람들이 갖고 있는 기존의 시각에 대해 문제를 제기하기 전에 우리가 기억해야 할 것은 이러한 생각들이 한편으로는 중요한 진리를 담고 있는 경우도 많다는 점이다. 또 이러한 생각들은 많은 사람들이 보편적으로 이렇게 생각하고 있다는 바로 그 점에서, 이것이 진리 혹은 정통으로 비춰질 여지가 있다. 불교의 어휘로 표현하자면 이는 '속제'俗諦(세속적 진리)라고 할 수 있을 것이다. 불교가 가진 이 두 가지 형태의 진리관에서 결국 선택해야 할 것은 궁극적 진리이지만 그럼에도 이것이 기존에 갖고 있는 견해가 가치 없다는 말은 아니다. 즉, 이는 반쪽짜리 진리이지만 여전히 진리는 진리이다. 비록 완전하게 진리는 아니지만, 이 반쪽짜리 진리는 궁극적인 진리에 다가가는 통로 역할을 한다.

불교의 진리에 대해서 감히 말할 자가 누구냐고 한다면, 당연히 불교도가 거기에 대해 말할 수 있지 않겠느냐고 대답하고 싶은 마음이 들 것이다. 그러나 실제 불교도가 누구인지를 말하는 것은 쉬운 일은 아니다. 불교도가 누구인지를 판별할 기준이 있다기보다는 누구나 자기 자신이 불교도라고 하면 불교도가 될 수 있기 때문이다.

역사학자들이나 사회학자들은 일반적으로 불교 교리에 대해서 살펴보려고 하기보다는 교리와 승단이 어떻게 발달했는지를 가능한 한 객관적으로 파악하고자 노력하는데, 이러한 관점에서 볼 때, '불교'라는 것은 없다고 할 수 있다. 엄밀하게 말해서 불교도만이 있을 뿐이다. 다른 식으로 표현하자면 불교 안에 어떠한 본질이 있는 것이 아니라, 불교도가 그 어떤 본질을 담고 있다고 할 수 있을 것이다.

오늘날 불교를 이해하는 데 또 다른 어려움이 있다. 미국의 예를 살펴보자면, 최근 많은 백인들의 불교에 대한 믿음과 수행이 불교가 원래 갖고 있던 모습과는 아주 다른 양상을 띠고 있음을 볼 수 있다. 어느 불교도가 자신이 믿는 이것이 불교라고 하고, 또 다른 사람은 그게 아니라고 한다면 우리는 이 가운데에서 누구를 믿어야 할까? 이러한 문제를 해결하기 위해 역사가들은 여러 다양한 목소리들을 배제하기보다는 포함시켜서, 가능한 여러 문헌을 분석하고 실태를 파악해야 할 필요가 있다.

때로는 불교에 대해 알려진 것들이 정통이 아닐 수도 있다. 그럼에도 이러한 오해들이 고쳐지기는커녕 계속 늘어나고 있는 측면이 있다. 즉, '미신'적 요소가 없는 '순수한' 불교에 대한 믿음이 편향된 생각을 만들어 내고 있는데, 실제로 미신이라고 하는 요소는 서구 현대사회에 불교의 영향력이 미치기 전까지 오랜 세월과 문화권에 걸쳐서 전해져 왔던, 불교가 갖고 있는 여러 모습 가운데 하나라는 사실은 여기서 빠지게 된다. 사실

불교란 상당히 후대에 구성된 것으로 아시아 사회에서 끊임없는 개혁과 서구와의 접촉 사이에서 만들어진 결과물이다. 실제로 불교는 서구에 의한 식민지 경험을 거치면서 발전되어 왔으며, 근대화에 대한 반응인 동시에, 개신교의 영향도 크게 받았다는 점을 간과해서는 안 될 것이다.

어떤 의미에서 불교도들이 전통으로 받아들이고 유지해 온 것들이 바로 불교적 경험을 구성하는 것이기도 하다. 또 이러한 점 때문에, 우리가 불교를 점점 더 이해해 감에 따라서 더 유동성 있는 접근방식을 적용할 수 있는 것이다.

일반적 불교에 대한 이해가 부분적으로는 맞을지 몰라도, 오해된 측면들 역시 많으며, 이런 점은 불교 전통을 약화시키는 결과를 야기한다. 즉, 많은 이들이 여러 가지 교리 가운데 하나의 측면만을 보려는 경향이 있으며, 그 측면만을 오랜 세월 불교를 지탱해 온 정통적 견해로 간주한다. 여기에서는 이러한 태도들에 대해서 질문을 던지고자 하며, 이를 통해 불교 전통이 가진 풍부함과 다양성을 조금이나마 드러내는 데 도움이 되기를 희망해 본다.

차 례

| 일러두기 |

1 이 책은 Bernard Faure, *Le Bouddhisme*(Le Cavalier Bleu, 2004)과 영역본 *Unmasking Buddhism*(Wiley-Blackwell, 2009)을 완역한 것이다.

2 이 책의 모든 주석은 옮긴이가 독자의 이해를 돕기 위해 첨가한 것이다.

3 외국 인명이나 지명, 작품명은 2002년에 〈국립국어원〉에서 펴낸 '외래어 표기법'을 따라 표기했다. 단, 이미 관례적으로 쓰이고 있는 표기는 관례를 그대로 따랐다.

4 단행본, 정기간행물 등에는 겹낫표(『 』)를, 논문, 편명, 영화 제목 등에는 낫표(「 」)를 사용했다.

1부 | 역사 속의 불교

1_하나의 불교, 여러 개의 불교들?

일반적으로 불교에 대해 알려진 것 가운데에는 진정 살아 있는 전통으로서 불교가 가진 다양한 모습을 보지 않았기 때문에 생겨난 것이 많다. 물론 불교의 대중화를 목적으로 한 개설서에서 불교가 '하나이면서 동시에 여럿'이라고 말하는 것은 쉬운 일이 아니다. 하지만 많은 경우 소위 '초기불교'라는 불교의 한 모습에만 초점을 맞춤으로써 불교의 다양성을 축소시키며, 불교를 어떤 근본적인 것으로 보려고 하는 경향이 있다. 이러한 서적들 가운데 어떤 책은—우리의 상상 속에만 존재하는—이러한 '순수한' 불교에서 마치 다른 후대의 전통이 직접 파생되었다는 듯이, 갑자기 건너뛰어서 티베트불교, 선불교, 상좌부불교를 설명하기도 한다. 이러한 종류의 책들에서는 그저 불교도들이라면 모두 알고 지켜야 한다고 생각하는 몇 가지 기본적 교리에만 초점을 맞추며, 다양한 문화권의 영향하에 여러 가지 모습으로 변형되어 온 불교의 다양성에 대해서는 정당하게 다루지 않곤 한다.

불교는 북인도에서 기원전 5세기경 처음 발달하기 시작했다. 기원전

3세기경 최초로 인도를 통일하고 대제국을 건설한 아소카왕(그림 1 참조)의 개종을 기점으로, 불교는 점점 인도의 다른 지방으로까지 전파되기 시작했다. 바로 그 시기에 붓다의 제자들 가운데에서 내분이 일어났고, 이것이 결국에는 대승·소승이라고 하는 두 주요한 불교 전통의 성립으로 이어졌다. '소승'小乘이라는 명칭은 이들이 보수적이라고 하는 비판이 포함된 것으로, 이 명칭은 라이벌이었던 대승교도들이 붙인 것이다. 후에 이 명칭은 바뀌어 '상좌부'라고 불리게 되었다. 하지만 우리가 생각하는 만큼 대승·소승이라는 구별이 항상 명확한 것은 아니다. 대승·소승 외에 견해에 따라서는 세번째의 불교 전통으로 '밀교'密教

그림 1. 아소카왕 석주
기원전 3세기경 아소카왕이 정복한 영토 내에 세운 석주는 그의 불교적 군주로서의 이상을 나타내는 동시에, 불교적 가르침에 의한 통치 이념을 상징한다.

혹은 다른 용어로 '금강승'金剛乘을 꼽기도 한다.

아소카왕이 없었다면 불교는 아마 불교와 일정한 공통분모를 갖고 있는 자이나교처럼, 그저 소수를 위한 종교가 되어 버렸을지도 모를 것이다. 전설에 따르면 아소카왕은 인도 전역에 8만 4천 개의 탑을 세우라는 명령을 내렸다고 한다. 그리고 실제로 그 중에는 붓다의 진신사리眞身舍利가 봉안되었다고 하는 탑들이 중국에서 발견되기도 하였다. 이 전설이 사실이든 아니든 간에, 아소카왕에 의해 구체화된 불교적 군주라는 모델은 후대에 아시아 문화권의 모든 국가들과 불교와의 관계에 있어 지속적인 영향을 끼쳤다는 점에서 중요하다.

인도에서는 불교의 전파로 수많은 부파部派들이 형성되었는데, 이 때문에 초기 불교가 어떤 경우에는 '부파불교'로 알려지기도 했다. 그러나 이 부파불교라는 표현은 불교를 교리적 측면에만 한정시키는 표현이며, 꼭 부파불교에서 직접 파생된 전통이라고 말할 수 없는 대중종교로서의 불교의 면모를 고려할 수 없게 한다.

붓다 입멸 후, 수세기 동안 인도에서 불교가 다양하게 전개될 수 있었던 요인으로는 첫째, 불교가 번성한 지역들이 멀찍이 떨어져 있었던 것과 둘째, 승가의 정착이 있었다. 승단이 부유해져 감에 따라서, 승려들은 더 편안한 삶을 영위할 수 있었다. 승려들은 자신들을 다른 수행자들과 차별화하고자 했는데, 이러한 경향 때문에 두 가지 형태의 불교 수행자들, 즉 숲과 같은 상대적으로 조용한 곳에서 홀로 수행했던 고행자들과 규모가 큰 사원에서 가르치거나 공부하는 것에 더 관심을 둔, 도시를 거점으로 수행했던 수행자 두 그룹이 생겨나게 되었다. 이러한 불교 교리·의례·수행방법에 대한 다른 접근 방식으로 인해, 결국은 더 나아가 각각 다른 결집회의를 열게 되었다.

첫번째 분열이 시작된 것은 붓다 입멸 후 100여 년이 지난 시점인 제2차 결집회의에서였는데, 이때 '상좌부', 즉 붓다의 가르침에 대해 엄격한 해석의 잣대를 대었던 집단과 수적으로 다수를 차지하여 소위 '대중부'大衆部라고 불리며, 붓다의 가르침에 대해 축자적인 해석보다는 그 정신에 좀 더 중심을 두고 붓다의 가르침을 적용하고자 했던 집단으로 양분되게 된다. 이 분열은 새로운 형태의 불교를 만들어 가는 촉매제가 되었는데, 앞에서 살펴보았듯이 이전의 형태를 소승이라고 이름 붙였으며, 이러한 소승적 형태의 불교에 대한 반동으로서 대승불교 전통이 형성되었다. 참고로 여기에서 '승'乘이라고 하는 단어는 '깨달음에 이르는 방법'을 의미한다.

대승불교의 기원은 여전히 수많은 논란의 대상이 되고 있다. 어떤 학자들은 대승불교가 승단의 엘리트주의와 사치향락에 대한 반성으로 생겨난 재가자 중심의 운동에서 기원한다고 주장한다. 또 다른 일군의 학자들은 새로운 형태의 신앙 활동, 즉 탑 신앙, 사리 신앙, 경권經卷 신앙(경전의 사경과 배포를 장려하는 신앙), 그리고 좀더 일반적으로는 붓다를 숭배하는 신앙이 생겨나게 된 것에서부터 그 기원을 찾기도 한다. 또 다른 학자들은 대승을 경제적 원조를 얻기 위해 시작된 '주변부에서부터 일어난 분파운동'으로 설명하기도 한다. 실제로 대승은 본질적으로 승단 차원의 움직임이었던 듯하며, 현실적 차원에서는 다소 호전적 성격을 띠었던 듯하다. 심지어『대반열반경』大般涅槃經에서 "재가 불교신자가 불교도로서 지켜야 할 다섯 가지 계율을 잘 지키고 있다고 하더라도, 만일 그가 승려를 보호할 무기를 가지고 있지 않다면, 그는 대승불교도라는 이름을 얻을 자격이 없다"고까지 말한다.

논쟁의 여지가 있는 이런 언급에도 불구하고, 대승불교는 소승불교를 배척하기보다는 아우르는 입장을 취하는 측면도 있다. 예를 들어 대승불교에서는 누구나 깨달음을 성취할 수 있다고 보았는데, 이것은 철저한 고행주의를 주장하는 소승불교의 입장보다는 훨씬 더 열린 태도였다.

새로운 대승불교운동이 이전에 비해 어느 정도 이완된 태도를 가진 측면도 있으나, 한편으로는 불교의 엄밀한 수행을 더 발달시키기도 하였는데, 이를테면 자비·지혜·방편을 강조하는 것이 그것이었다. 따라서 구원론적인 차원에서 볼 때, 깨달음은 그 이전의 궁극적 지향점이었던 열반보다 더 우위를 차지하게 되었다. 붓다에 대한 개념에 관해서 살펴보자면, 상대적 역사주의는 급진적인 가현설假現說로 변형되었으며, 완전히 '형이상학적' 존재로 이해된 붓다는 그 수가 점차 증가하기 시작하였다. 이즈음 인간 붓다는 사람들을 점진적인 방법으로써 진리로 이끌기 위한 방편에 지나지 않게 되었다. 현실적인 측면에서는 참회, 공덕의 회향廻向이라는 개념뿐만 아니라, 여러 다른 부처(아미타불阿彌陀佛, 아촉불阿閦佛, 약사여래藥師如來, 비로자나불毘盧遮那佛)와 보살들(관음보살觀音菩薩, 문수보살文殊菩薩, 보현보살普賢菩薩)에 대한 신앙이 중요하게 되었다(그림 2 참조).

대승불교 사상은 반야바라밀 전통에서 시작되는데, 반야바라밀이란 동명의 경전에서 비롯된 명칭이다. 최초의 반야부 경전류는 지금으로부터 약 2천여 년 전에 성립된 것으로 보인다. 반야부 경전의 길이는 천차만별인데, 가장 길게는 『십만송반야경』十萬頌般若經에서부터 짧게는 한 페이지 정도밖에 안 되는 『반야심경』般若心經까지 있다. 대승불교는 서력 기원을 기점으로 중앙아시아와 중국으로 전파되었으며, 계속해서 한국과 일본, 베트남으로 전래되었다. 소승 ─여기에서 소승은 비하의 의미로서의 소승이 아니라, 편의상 어쩔 수 없이 선택한 용어이다─불교는 아소카왕의 재위 기간 중 처음 전파되었다고 하는데, 스리랑카를 시점

그림 2. 아미타불과 약사여래

아미타불(왼쪽)과 약사여래(오른쪽)는 중생을 위해 서원을 세우고 거듭 수행한 결과 깨달음을 성취한 부처, 즉 보생불(報生佛)에 해당한다. 아미타불은 정토교의 중심을 이루는 부처로, 아미타불을 염하면 죽은 뒤 극락에 간다고 하며, 약사여래는 중생의 병과 괴로움을 구제해 주는 부처로 왼손에 약병을 들고 있는 것이 특징이다.

으로 하여, 10세기부터는 동남아시아 여러 지역(버마, 태국, 라오스, 캄보디아)으로 퍼져 나갔다. 소승불교 전통은 오늘날까지도 상좌부 형태의 전통으로 계속 이어져 오고 있다(그림 3 참조).

5세기부터 7세기 사이에 세번째 불교 전통이 나타나게 되는데, 밀교가 바로 그것이다. 어떤 학자들은 밀교가 새로운 형태의 불교 전통이라고 하지만, 실제로 이 전통은 수많은 대승불교의 주요 개념을 특정한 방식으로 흡수한 것이다. 기존의 대승불교 논리처럼 생사生死와 열반涅槃 사이의 정체성이 밀교의 교리와 수행의 기초를 구성한다. 그리고 이러한 관념에 기초해서 개인의 말, 행동, 생각으로 일으키는 모든 행위가 바로 깨달음에 직결되는 결과를 낳는다고 보았다. 밀교 의례에서는 모든 것에 대한 상징성이 대단히 중요한 위치를 차지하는데, 그 예가 바로 다라니陀羅尼, 수인手印, 만다라曼茶羅 등이다. 밀교에서의 의례에 대한 강조는 이 전통을 그 이전 형태의 불교와 구분하는 가장 큰 특징이기도 하다.

밀교는 8세기에서 9세기에 이르는 기간 동안 인도네시아, 버마(미얀마), 캄보디아 등의 동남아시아 지역뿐만 아니라 티베트, 중국, 일본 등지로 전파되어 나갔다. 밀교는 동남아시아에서는 살아남지 못했지만, 티베트와 일본에서는 수세기에 걸쳐 번성하였다. 오늘날까지도 밀교 전통은 이어지고 있는데, 히말라야의 부탄에서는 밀교가 국가 종교이다. 밀교는 인도 대승불교의 영향을 크게 받았는데, 특히 티베트불교는 밀교적 요소와 교리를 중심으로 한 학파불교적 요소가 융합되어 특수하게 발전한 결과물이라 할 수 있다.

상좌부불교는 스리랑카와 동남아시아에서 다수를 차지하는 전통으로 소승불교 혹은 부파불교의 근대적 형태이다. 상좌부불교는 대승불

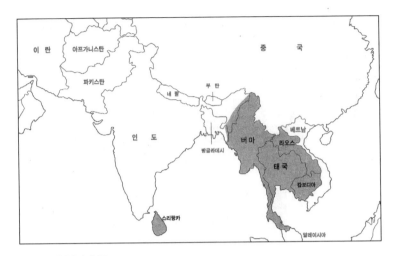

그림 3. 아시아의 상좌부불교
인도 북부에서는 대승불교를 받아들인 반면, 인도 남부를 비롯한 동남아시아 국가들은 상좌부불교의 전통을 이어받았다. 15세기 이후 인도 본토에서는 불교가 자취를 감추었지만 바로 이웃의 국가들에서는 상좌부라 불리는 소승불교가 여전히 번창했다. 지도의 색칠된 부분은 상좌부불교 국가를 가리킨다.

교보다는 훨씬 보수적이지만, 상좌부 전통 역시 세월을 거치며 많은 변화를 겪어 왔으며, 따라서 이 전통이 '정통' 혹은 '초기' 불교를 대표한다고 말할 수는 없다. 상좌부는 기원전 3세기부터 기원후 5세기에 걸쳐 스리랑카에서 발전한 전통이다. 그후, 10세기에는 버마로 전파되었으며 13세기와 14세기 사이에 태국과 다른 인도차이나반도의 인도문화권 국가들—중국문화의 영향을 많이 받은 베트남을 제외하고—로 널리 퍼져 나갔다.

인도문명권 국가들 사이에서 팔리어가 공용어로 사용되었기 때문에, 상좌부불교를 신봉했던 국가들 간에 이 전통은 공통의 문화와 종교가 될 수 있었다. 토착지역의 다양한 신앙들과 긴밀히 연결되어 있는 측면도 무시할 수는 없지만, 상좌부불교에서는 역사적 붓다가 주요한 경배의 대상이 되고 있다. 하지만, 상좌부가 언제나 항상 '순수한' 형태의 불교였고, 신비적인 밀교적 요소와 무관하다고 생각하는 것은 오산이다. 상좌부는 과거에도 그래 왔고, 현재에도 여전히 밀교적인 요소에 깊게 영향을 받은 '밀교적 상좌부'이다. 사람들이 '순수한' 형태의 불교에 대해서만 얘기하려는 경향이 있지만, 불교는 실제로 시대·장소·전파된 문화권에 따라 영향을 받으며 끊임없이 변화해 왔음을 주지할 필요가 있다. 불교는 세속적인 근원을 통해서 역사에 뿌리를 내리고 있는 동시에 오늘날까지도 우리 곁에 살아 숨쉬고 있는 전통이다.

2_붓다는 깨달음을 얻은 유일한 사람인가?

인도에서 붓다는 역사상 존재했던 인물로 간주된다.

—헤겔, 『종교철학 강의』

'역사적' 붓다가 없었더라면 불교는 존재할 수 없었을 것이다. 이것은 너무나 자명한 사실로 보이는데, 실제 정말로 그러할까? 만약 붓다가 존재하지 않았다고 하더라도, 그러한 존재는 아마 만들어졌을 것이다. 즉, 붓다가 실존했건 안 했건 관계없이 붓다는 구성의 과정을 거친 산물이다. 이렇게 우리가 붓다의 생애 가운데 일어났었다고 하는 여러 가지 사건들의 역사적 사실성에 대해 계속해서 질문을 던짐에도 불구하고, 보통 사람들은 붓다가 실존했다고 하는 것 그 자체에 대해서는 지금까지도 별다른 의심을 갖지 않고 있는 듯하다.

　　붓다에 관한 전설이 역사상 존재했던 한 인물을 미화하는 과정 속에서 비롯되었음을 받아들이는 것은 그다지 어렵지 않다. 팔리 경전은 그 중에서도 어떠한 역사적 사실들에 바탕을 두고 있는 것으로 보이며, 승가의 율을 담고 있는 『율장』律藏에서는 붓다를 굉장히 실용주의적 인물로 비추고 있다. 역사주의적 해석을 지지하는 입장에 서 있는 이들은 전설을 탈신화화하는 것보다는 전기를 신화화하는 것이 더 쉽다는 점을 지적하는데 이는 적절한 설명이라고 생각한다.

그러면 우리가 붓다에 대해서 알고 있는 것은 무엇인가? 붓다가 태어나서 살다가 죽었다는 것은 명백하다. 하지만 그 나머지는 신화와 전설이라는 안개 속에 묻혀 있다. 이러한 신화적 요소는 붓다 당대의 다른 주요 종교였던 자이나교의 (붓다와 마찬가지로 또 다른 '역사적' 개조로 여겨지는) 마하비라Mahāvīra의 경우에서도 찾을 수 있는데, 이러한 점들을 우리는 조심히 살펴보아야 한다.

역사학자들은 특히 붓다의 입멸을 둘러싼 정황에 대해 많은 관심을 기울인다. 특히, 문헌 연구에 따르면 붓다가 상한 돼지고기를 먹고 열반에 들었다고 한다. 물론 붓다와 같이 훌륭했던 인물이 상한 고기를 먹고 설사를 하다가 무기력한 상태에서 자신의 일생의 마지막 순간을 보내다 죽었다는 것은 굉장히 불명예스러운 것이 아닐 수 없다. 그래서 채식주의임을 자랑하는 요즈음의 불교도들은 이 이야기 속에 등장하는 붓다가 먹은 음식은 돼지고기가 아니었다고 주장하며, 그 내용을 바꾸어 보려고 이리저리 애를 쓴다. 반면에 역사학자들은 이 이야기에서 어떠한 역사적인 접점을 찾으려고 노력해 왔다. 일부 역사학자들은 성인들의 삶에 대한 전기들이 일반적으로 성인의 삶을 윤색하려는 경향이 있다는 점을 미루어볼 때, 붓다가 상한 돼지고기를 먹고 열반에 들었다는 점은 그다지 붓다의 전기 같이 보이지 않는다고 지적하기도 한다.

고타마 싯다르타Gautama Siddhārtha는 기원전 5세기경 북인도의 한 왕국

그림 4. 붓다의 탄생

마야부인의 오른쪽 옆구리로부터 아기 붓다가 탄생하여 걸음마를 시작하는 장면이다. 당시 인도에서는 카스트에 따라 브라만의 아이가 태어나면 어머니의 머리에서, 크샤트리아의 아이는 오른쪽 옆구리에서, 바이샤의 아이는 왼쪽 옆구리, 수드라의 아이는 다리 사이에서 나온다고 생각했다.

에서 왕자로 태어났다고 한다. 전하는 바에 따르면, 그의 입태와 탄생은 성스러움 그 자체였다고 한다. 그의 어머니인 마야부인은 어느 날 흰 코끼리 한 마리가 자신의 옆구리를 뚫고 들어오는 꿈을 꾸었고, 다음 날 아침 임신임을 알게 되었다. 9개월 후에, 마야부인은 룸비니의 작은 숲속에서 한 사내아이, 즉 붓다를 출산했다(그림 4 참조). 태어나자마자 붓다는 '탄생게'誕生偈를 부르기 시작했으며, '천상천하 유아독존'天上天下 唯我獨尊임을 선언했다. 아기 붓다는 이를 증명하기 위해 사방으로 일곱 걸음씩 걸었는데, 걸음걸음마다 연꽃이 피어났다고 한다.

마야부인이 출산한 지 7일 후 운명을 달리한 것은 붓다의 탄생을 둘러싼 기이함과 길함에는 언뜻 모순되어 보이기도 한다. 마야부인이 죽은 후 싯다르타의 양육은 이모인 마하파자파티Mahāpajāpati가 맡게 되었다. 예언가들은 왕에게 이 아기가 후에 전륜성왕轉輪聖王이 되거나 그렇지 않으면 정등각자正等覺者가 될 것이라는 예언을 했는데, 이 예언으로 왕은 아들을 가혹한 현실에서 보호하고자 싯다르타를 성문 밖으로 못 나가도록 하였으며, 자연히 그는 어떤 수행도 할 수 없었다.

이윽고, 16세가 된 싯다르타 왕자는 야쇼다라Yasodharā와 결혼했고, 야쇼다라는 라홀라Rāhula ——이는 '장애'를 의미하는데, 싯다르타기 아버지로서의 부담감을 나타낸 표현이다 ——라는 이름의 아들을 낳았다. 어떤 문헌에서는 싯다르타가 모두 세 명의 부인을 두었으며, 결국 세속의 군주가 되었다고 전하기도 한다. 어느 것이 진실이든 간에, 운명은 싯다르타 왕자를 수행자가 되는 길로 안내하고 있었다. 어느 날 왕자는 궁궐 밖으로 나갈 기회가 있었는데, 이것이 후대에 소위 사문유관四門遊觀이라 불리는 것이다. 왕자는 궁궐 밖에서 노인·병자·시체·고행자를 차례로 만나게 된다. 노인·병자·시체를 본 후 왕자는 존재의 무상함을 깨닫게 되었고, 마지막 고행자와의 만남은 왕자에게 그 해방을 위한 탈출구가 무엇인지를 일깨워 주었다. 그후 29세의 나이로 싯다르타는 왕궁을 빠져나오게 되고, 그와 동시에 왕자로서의 모든 의무와 특권을 버린다. 6년간 싯다르타는 그가 할 수 있는 최대한의 고행을 닦는다. 하지만, 그는 마침내 이러한 고행이 무의미함을 깨닫는다. 그는 결국 '중도'中道를 발견하게 되는데, 여기서 중도란 감각적 즐거움과 극단적 고행 사이에 있는 길을 의미한다. 바로 이때 싯다르타는 그의 깨달음을 방해하려는 마라魔羅와 마라의 딸들의 유혹에 놓이게 되는데, 마침내 이 유혹들을 모두 이겨낸다. 그후 그의 깨달음을 막을 것은 아무것도 없었다. 이 마지막 단계의 수행에서 그는 점진적으로 선정禪定의 여러 단계[1]를 경험하게 되었고, 자신의 전생에서의 삶

1) 불교에서는 선정에 낮은 단계(즉 형태가 있는 색계)와 높은 단계(형태가 없는 차원의 무색계) 두 가지 종류가 있다고 한다. 색계 차원의 수행이란 네 가지 단계의 선정, 즉 초선, 이선, 삼선, 사선을 닦는 것을 말한다. 마음을 집중하면 낮은 선정의 첫번째 단계에 이르는데, 이때 탐욕, 증오, 게으름 등 나쁜 기질이 제거되고, 희망, 기쁨의 상태가 시작된다고 한다. 이 단계에 이어 두번째 단계에서는 마음이 고요해지고 가벼운 기대감과 행복감이 여전히 존재한다. 세번째 단계에서는 이러한 가벼운 기대감, 행복감이 사라지게 되고 네번째에 이르면 완전한 평정의 마음 상태만이 남게 된다고 한다. 높은 단계의 수행이란 이 낮은 단계 수행의 연장선상에서 추구되는 것인데, 이 단계

들을 볼 수 있었으며, 마침내 '사성제'四聖諦[2]를 깨달았다고 한다.

깨달음과 열반을 정점으로 하고 있는 붓다의 삶에 관한 이야기는, 최초의 그러면서도 가장 중요한 붓다의 가르침의 요약판이자, 동시에 불교 수행의 패러다임이 되었다. 붓다가 자신의 육신을 통해 얻은 깨달음에 대해 살펴보자면, 그것은 바로 이생에서의 삶——즉 깨달음의 심리적 드라마 혹은 우주적 드라마——이며, 그 삶은 과거·미래의 모든 붓다가 거듭해 온 삶이다. 이러한 관점은 모두 같은 방식에 바탕을 둔 것으로서, 과거·현재·미래라는 삼세에서의 끊임없는 삶의 연속성을 설명하는 것이다. 같은 방식으로 바로 이것은 부분적으로는 성인들의 삶 역시 모두 붓다가 겪은 삶의 '모방'이라고 말할 수 있다. 즉, 그들은 모두 붓다가 겪은 바로 그 단계들을 통과했다고 말할 수 있을 텐데, 출가 후 수행에서의 위기, 깨달음을 향한 고행, 신비한 힘의 획득, 설법과 제자들의 모임, 성공에 따른 주위의 질투, 부패한 일반인들의 사회에 대한 비판, 죽음의 전조, 사리 숭배 신앙을 낳은 장례 등이 그 단계들이다.

흥미롭게도 붓다의 일생은 그리스도교 성인들의 삶에도 많은 영향을 미쳤다. 붓다의 삶 속에서의 중요 일화들은 이른 시기부터 서양에 전래

에 이르면 마음은 온갖 차별적 개념에서 벗어나 모든 것을 무한한 공간의 측면에서 바라볼 수 있게 된다. 이 다섯번째 단계 이후, 여섯번째가 되면 마음이 무한함이라는 관념에 이르고, 일곱번째가 되면 사물의 비실재를 알아 아무것도 존재하지 않는다는 것을 알게 된다. 마지막 여덟번째 단계가 되면 무의 영역을 넘어서 생각이 있는 것도 없는 것도 아닌 영역에 이르게 된다고 한다.

2) 전승에 따르면 붓다는 바라나시 교외에 있는 녹야원(鹿野苑)에서 이전에 같이 수행하던 다섯 명의 수행자들에게 최초의 설법을 폈는데, 이것을 초전법륜(初轉法輪)이라고 한다. 붓다는 이때, 탐욕과 고행의 양극단을 버리고 중도를 취할 것을 설했으며, 이 길을 걷기 위한 길을 제시하기 위해 사성제(四聖諦)를 설했다고 전한다. 사성제란 현재의 삶을 고통이라 보는 고제(苦諦), 고통의 원인인 집제(集諦), 고통은 소멸될 수 있다는 멸제(滅諦), 그리고 그 고통을 소멸하는 길인 도제(道諦)를 말한다. 사성제에 대한 좀더 구체적 설명은 본문 7장에 나와 있다.

되었다. 이 일화들은 점차 아랍전설의 영향을 받은 그리스도교의 '황금전설'을 통해 중세의 상상력 속으로 스며들어 가기 시작했다. 예를 들어, 바를라암Barlaam과 요사팟Josaphat의 이야기를 살펴보자. 요사팟——이 성인의 이름은 '보디사트바'bodhisattva, 즉 '보살'의 변형으로 보인다——은 그리스도교를 박해했던 어느 인도 왕의 왕자였는데, 어느 날 문둥병 환자·장님·노인을 보게 된 후, 살던 왕궁에서 떠났다고 한다. 이 사건은 그로 하여금 존재의 무상함을 깨닫게 하였고, 이후 바를라암이란 수도자를 만나고서 그리스도교로 개종하게 되었다고 한다. 그리고 그는 이 개종으로 결국 순교하게 되었다고 전한다(참고로 이 개종과 순교에 대응하는 부분은 불교경전에는 나와 있지 않는 내용이다).

초기 불교는 불탑 신앙을 중심으로 성행했다. 이는 붓다의 범상치 않았던 삶의 주요 궤적을 기억하기 위한 것이었다. 특히 붓다의 탄생·깨달음·초전법륜·열반을 기념하는 네 개의 탑은 역사 속에서 계속해서 불교도들이 가장 많이 찾는 성지 순례지가 되었다. 그 결과 붓다의 삶은 전형화되었다고 할 수 있다. 즉, 불교도들은 이러한 장소들을 참배하면서 스승의 삶 속의 영광스러운 일화들을 회상할 수 있게 되었다. 그러나 이러한 탑들은 단순히 기념비가 아니라, 그 이상의 의미가 있는 것이었다. 이 탑들은 기본적으로 붓다의 몸 한 부분을 포함하고 있는 성스러운 유물함 혹은 그 몸이 안치된 곳이다. 사람들은 이러한 탑에 자신의 신체를 접촉하거나 가까이 하는 것 자체로 이승에서의 자신들의 복덕을 증가시키며, 저승에서 구제받을 가능성을 높이는 신비한 힘이 있다고 믿었다. 이러한 불탑 공양자들 중 불교를 대중종교로 발전시키는 데 크나큰 영향력을 행사했던 인물은 앞서 언급한 아소카왕으로, 그가 없었더라면 불교는 어쩌면 자이나교와 같은 운명에 처했을는지도 모른다. 초기 불교의 역사는 본질적으로 승가와 성지숭배자들의 역사였다. 따라서 역사적 인물로서의 붓다에 대한 사실들보다는 전설과 전설의 끊임없는 확대 생산이 빠른 교세의 확장을 가져오는 데 훨씬 더 큰 영향을 끼쳤다.

붓다의 일생에 관한 일화들이 급격히 증가함에 따라, 붓다를 둘러싼 전설들은 그의 전생이 어떠했는지까지 그 영역을 확장하게 되었다. 붓다는 보살로서 동물과 사람 등 여러 가지 다른 존재로 윤회를 거듭했는데, 이러한 과거의 무수한 생들의 결과로 얻어진 것이 그의 이승에서의 삶이었다고 본다. 이렇게 붓다의 과거세의 삶에 초점을 맞춘 경전이 바로『자타카』Jātaka, 本生譚이다. 이와 같은 형식은 다른 과거 부처들에게도 적용되었다. 또, 비록 그의 '일대기'가 다소 명확하지 않은 점이 있기는 하지만, 미래불로서 수백만 년 후에 나타날 것이라는 수기를 받은 미륵불彌勒佛 역시 이러한 관념의 영향을 받은 것이다. 특히 대승불교 전통은 비록 우리 눈에는 보이지 않지만, 지금 우리 곁에 있다고 하는 수많은 형이상학적 부처들에 대해서 말한다.

초기부터 초인간적 존재로 그려졌던 붓다는 후대에 이르러서 점점 신격화되기 시작했다. 몇몇 대승불전 속에서 이러한 변화를 찾아볼 수 있다. 예를 들어『법화경』法華經에서는 붓다 스스로가 그 자신에 대한 역사적 진실에 의심을 불러일으키게 한다. 이러한 경전상의 극적인 장치는 아시아 전역에서 광범위하게 영향을 끼쳤다.『법화경』에서 붓다는 제자들에게 하는 설법 가운데 말하기를, 그는 이미 수많은 중생들을 제도해 왔다고 설한다. 여기에 대해 대중들이 미심쩍어하는 반응을 보이자, 붓다는 그가 제도했던 모든 중생들을 불러 그들 앞에 나타나게 한다. 이때 수많은 보살들도 붓다의 말 한마디에 땅 위로 그들의 모습을 드러낸다. 이에 붓다의 제자들이 붓다가 인간의 세계에 있을 동안 어떻게 이 많은 일들을 다 할 수 있었는지를 묻자 붓다는 대답하기를, 자신은 실제로는 불멸의 삶을 살고 있다고 한다. 즉 자신이 싯다르타 왕자의 몸을 빌려 이 세상에 나오고, 가족을 떠나 6년간의 고행 끝에 깨달음을 얻은 것 모두가 '방편'을 사용한 것이라는 것이다. 그리고 이 모든 이유는 방편을 통해 근기根機가 약한 사람들을 깨닫게 하기 위함이었다고 말한다. 그런 후 붓다는 이제야 비로소 진실을 밝힐 때가 왔다고 하며, 그는 이미 자신이 옛날부터 일찍이 깨달은 존재였음을 밝힌다. 붓다는 계속해서 근기가 약한──이들은 소승불교도들을 지칭한다──이들은 세속의 진리를 믿고자 하는 데 반해, 그의 가장 수승殊勝한 제자들은 자신을 믿음으로써, 반드시 궁극적 진리를 깨닫게 될 것이라고 설한다.

그렇다면, '역사적' 붓다에 대한 신앙은 어디에서 비롯된 것인가? 붓다에 대한 믿음이 중요하다는 것은 무엇이며, 이것과 대승불교 전통에서 수없이 많아진 '형이상학적' 부처들과는 어떻게 설명할 수 있을까? 처음으로 붓다의 역사적 실재성에 대해 확신을 갖게 된 것은 19세기의 서구인들──여기에는 일부 '서구화된' 아시아인들도 포함한다──이었는데, 이때는 이성지상주의론자들이 그리스도교의 대안을 찾고 있던 즈음이었다. 불교를 발견한 동양학 학자들은 이 불교란 것이 초월적 신이 계시한 가르침이라고 보기보다는, 어떠한 굉장한 현자가 창시한 인간적이고 도덕적이며 합리적인 종교로 생각했다. 미셸 장 프랑수아 오즈레Michel-Jean-François Ozeray는 『붓다에 관한 연구』Recherches sur Buddou ou Bouddhou에서 "붓다는 더 이상 맹목적인 신앙과 미신으로 숭배되지 않게 되었다. 이제 붓다는 훌륭한 철학자이며, 주변인들의 행복을 위해 태어난 현자이며, 인류의 선 그 자체를 의미한다"라고까지 하였다. 이러한 논의에 맞추기 위해 재단된 붓다는 덕분에 그가 살던 시대의 미신과 편견에 반대한 자유사상가로 여겨지게 되었다.

그러자 예수에게 적용하였던 바로 그 역사비평적 분석의 방법으로 붓다의 '전기'를 만들려는 노력이 시작되었다. 그리고 지금까지도 계속되고 있다. 그 결과, 대승불교 전통에서의 모든 '형이상학적' 부처들은 역사적인 붓다에 의해 빛을 잃기 시작했고, 대승불교가 판타지 정도의 영역으로 취급된 반면, 오직 상좌부 전통만이 붓다의 기억을 보존하고 있다고 하며, 상좌부의 전통을 '정통' 불교의 지위로 격상시키는 결과를 낳게 되었다.

여기서 논의의 초점은 붓다라는 이름으로 불린 한 인간의 진실성을 부정하려는 것이 아니다. 그보다는 역사주의, 즉 서구적 접근 방식을 제외하고서는 그의 진실성을 묻는 것 자체가 문제시되지 않는다는 사실에 주목하고자 하는 것이다. 붓다의 역사적 진실에 관한 문제는 붓다의 삶을 무엇보다 따라야 할 하나의 이상으로 여기며, 그것을 믿어 온 전통적 불교도들에게는 전혀 중요하지 않은 문제이다. 이 무시간적 패러다임에 대한 '모방'은 출가 생활에서 가장 기초가 되는 부분이다. 그것은 단지 붓다와 자신이 동일함을 확인함으로써 개개인이 깨달음에 이르게 되는 것뿐만이 아니라, 초기 시대의 불교 이상공동체를 다시 만들고자 하는 것을 의미한다. 그럼으로써 붓다를 삶의 영역으로 끌어들이는데 이것은 붓다를 집착을 끊지 못하는 한 인간으로서 여기는 것이 아니라, 그의 제자들과 가까이서 함께 생활하는 스승으로 여기는 것이다.

그렇다면 붓다의 역사적 진실성을 확립하는 것이 서구인들에게는 왜 그렇게 중요한 것인가? 그것은 종교 '창시자'의 삶의 진실성만이 그 종교의 진정성을 보증하기 때문이다. 구체적인 전기 없이는 붓다는 시간의 안개 속에서 사라져 버릴 뿐이며, 붓다 없이는 불교가 위험스럽게도 여러 개의 불교가 될 수도 있기 때문이다. 하지만 보수적이며, 다소 청교도주의적 성향마저 보이는──현재 상좌부로 대표되고 있는──소승불교와 풍부한 도상들과 신비적인 경향, 좀더 구체적으로 말해 주술magic · 성sexuality · 위반transgression에 기반을 두고 있는 밀교를 포함한 대승불교 사이에는 어떠한 공통점이 있는가? 사실 이 두 전통은 처음에는 완전 반대 선상에 있었을지라도, 결국에는 서로 상호보완적 관계로 남게 되었다. 서구의 일신교와 같은 정통주의에 기반을 둔 종교라면 다른 한쪽을 이단이라고 파문을 했을 것임이 자명함에 비해서, 불교는 이와 달리 서로 경쟁관계에 있으며 일견 융화될 수 없을 것 같은 다른 전통들을 서로 어느 정도까지 포용해 왔다. 이러한 맥락에서, 불교란 하나의 통일된 종교라기보다는 다른 별들이 함께 모여 있는 성운과 비슷하다고 할 수 있을지도 모르겠다. 계속해서 변해 가는 붓다의 이미지는 다른 모습의 불교도들을 하나의 불교도로 만드는 것을 가능케 한 이유 중 하나이다. 이런 의미에서 '역사적' 붓다는 단지 끊임없이 재창조되는 붓다의 이미지로서, 오랜 불교 전통 속에서 가장 최근에 두드러지게 나타난 또 다른 허구일 뿐인 것이다.

3_불교는 인도의 종교인가?

1935년 프랑스 학자 폴 뮈스Paul Mus는 불교는 "인도에서 발생한 것이니, 인도가 그것을 설명할 수 있을 것이다"라고 했다. 또 이와 비슷하게 미술사학자 알프레드 푸셰Alfred Foucher는 "인도적 정신의 모든 유산들과 함께 불교는 우리에게 지성적인 동시에 소화하기 어려운 것으로, 가까이에 있지만 멀고, 비슷하지만 완전히 다르다"고 말한 바 있다. 그럼에도 불구하고, 기원이 되는 인도에만 초점을 맞추는 것은 다른 아시아 국가──주요한 전통을 열거하자면 티베트, 중국, 한국, 일본 등이 있다──의 불교 발전에 대한 중대한 기여를 과소평가하는 것이다. 폴 뮈스는 동남아시아불교에서의 그 지역적 영향의 중요성에 대해 잘 이해하고 있었던 학자였으며, 그는 여기에 대해 주목할 만한 연구 성과를 남겼다.

　　그러나 우리가 '인도'불교에 대한 책을 읽을 때, 더 놀라운 것은 어느 범위만큼 인도 특유의 문화적 맥락이 논의되는가 하는 점이다. 불교의 전설은 어느 정도 다양한 역사적인 사건들을 언급한다. 우리는 또 붓다가 인도 카스트제도와 브라만교의 희생제의에 반대하였다는 것을 알고 있다.

허나 불교에 관한 서구의 저작들 가운데서 다른 인도의 종교운동(자이나교, 시바교, 비슈누교)에 대해 언급하는 책은 찾아보려야 찾아볼 수가 없다. 그래서 종종 불교는 힌두교를 부인했다기보다는 단지 독립적으로 존재했었다는 식으로 설명하고 있다. 이러한 설명 방식으로 인해, 실제로는 그들이 매일 부대끼며 아웅다웅 살았을지 몰라도, 지금으로서는 초기의 불교 승려들이 다른 인도 종교인들과는 전혀 다른 행성에서 살았다고 해도 어쩌면 믿을지도 모르게 되었다.

서구의 연구자들은 본질적으로 불교란 '보편적'인 가르침으로, 모든 개인에게 구원의 가능성이 열려 있다는 것을 가르치는 종교라고 보았으며, 불교와 인도만의 전통으로 그 지역적 문화에 깊게 뿌리 내리고 있다고 하는 다른 종교 전통들과의 사이에서 불교가 가진 차이를 드러나게 하고자 노력했다. 이 연구자들은 불교는 처음이자 최초로 힌두교에 대항하여 전적으로 인도적 가치를 거부하고, 어떠한 문화적·사회적 조건에도 벗어나고자 노력했다고 하는 인상을 우리에게 심어 놓았다. 그 결과 붓다는 19세기 말에 이르러서는 역설적이게도 당시의 이성주의자들과 닮은, 한 사람의 철학자로 그려지게 되었다.

또 다른 편협한 연구의 한 형태로, 일부 인도에서 출간되는 불교서적들은 인도적 뿌리에 그 설명의 초점을 두며, 인도민족주의를 위해서 불교를 여기에 포함시킨다. 불교를 연구하는 역사가들은 비록 이러한 극단을 지양하려고 하지만, 그럼에도 불구하고 기원을 좇아 올라가려고 하는 역사가들의 본질적인 성향 때문에 여전히 그들은 인도불교를 가장 뛰어난 전통으로 설명한다. 그 결과 그들은 다른 역사적 전개에 따른 불교 형태들(예를 들어, 중국·한국·일본불교와 같은)은 단순히 인도불교의 파생된 형태 정도로 취급하곤 한다. 단 여기에 예외들이 있기는 하다. 그 예외란 '초기'의 순수한 전통을 여전히 갖고 있다고 주장하는 상좌부불교와 달라이 라마 덕분에 뛰어난 종교적 유래 관계를 주장할 수 있었던 티베트불교, 그리고 선이 붓다가 깨달은 것의 핵심이라고 주장하는 일본 선종이 그것이다.

많은 경우 인도불교는 힌두교(혹은 브라마니즘)가 개혁된 형태라고 말하는데, 이것은 붓다가 카스트제도에 반기를 든 사람이었기 때문이다. 그러나 사회의 개혁은 곧바로 종교의 개혁과 동일시되기 때문에, 힌두교에 대한 불교의 개혁을 "유럽의 가톨릭에서 있었던 종교개혁과 다소 비슷한 것"(『세계』 *Le Globe*, 1829년 11월 25일자 기사)이라고 하기도 한다. 이것을 적절하게 비교하자면, 불교와 힌두교에 관한 관계는 아마도 그리스도교와 유대교, 혹은 이슬람교와 그리스도교에 비할 수 있을 것인데, 이럼으로써 초기의 불교가 적어도 이론상으로는 새로운 인도의 종교라는 점을 우리는 너무 빨리 잊어버리는 결과를 낳게 되었다.

그 기원을 고려해 볼 때, 서구 불교도들이 얼마만큼이나 티베트불교를 선호하는지는 그저 놀라울 따름이다. 여기에 대해 다음과 같은 두 가지 견해가 있다. 즉, 불교에서 '진정한 가르침'이란 그 옛날의 붓다와 붓다의 주요 제자들의 그 가르침이라고 보는 견해가 다분히 있다. 따라서 티베트불교를 원래의 가르침과는 거리가 좀 있으면서 ──티베트불교의 밀교 의례와 도상, 그리고 환생의 논리 등과 같은 것 때문에── 다소 미심쩍기까지 한 하나의 파생된 전통 정도로 보는 견해가 있고, 다른 하나는 과거 정통의 형태가 발전해서 수세기에 걸쳐 티베트에 이르러 비로소 풍부한 전통이 형성되었던 것으로서 보는 것이다. 하지만 후자의 설명은 단지 티베트불교를 포용적이면서 다양한 면모를 갖춘 이런 정통파로부터 기인한 것으로 만들기 위해 설정한 가설 중 하나일 뿐이다. 즉, 똑같은 논리를 시간적 거리가 분명함에도 불구하고, 붓다의 '근본적' 교설을 바로 전수받았다고 주장하는 상좌부불교에도 적용할 수 있을 것이다.

아시아의 다른 문화를 접촉할 때마다 불교는 독특한 변화와 수용의 과정을 거쳐 왔다. 따라서 이렇게 수용된 것 중 어떤 부분이 다른 문화권에 비해 서구문화권에 있는 이들에게 더 흥미롭거나 매력적이게 비춰질 수 있음에도 불구하고, 그렇게 수용된 전통이 다른 전통에 비해 종교적으로 더 훌륭하다는 것을 의미하지는 않는다. 불교 전통 중에서 어떠한 방식으로라도 종파적인 성향을 가지지 않았던 것은 없었으며, 국가적 편견을 내포하지 않은 것이 없었다.

불교연구자 사이에서 발견할 수 있는 것 가운데 가장 놀라운 사실은 그들이 불교 전통의 다양한 훈련방식에 대해서는 거의 주의를 기울이고 있지 않다는 것이다. 몇몇 눈에 띄는 예외적인 경우를 제외하고, 인도 문화를 연구하는 학자들은 대부분 불교를 경시하며, 한편 소위 불교학자라고 하는 사람들은 비슷하게도 비불교 국가인 인도를 간과하는 경향이 있다. 같은 학자 집단 내에서도 또한 다른 형태의 불교, 특히 동아시아불교 전통을 경시하거나 폄하하려는 경향이 있다. 그러나 이러한 동아시아불교들은 수행에 대한 교리의 측면에서 볼 때, 상좌부나 티베트불교를 부러워할 하등의 이유가 없다.

로마가 더 이상 로마에 있지 않듯이, 인도는 더 이상 인도에 있지 않다고 할 수 있을 것이다. 인도는 불교가 전파되면서 중세 일본의 저편에서뿐만 아니라, 인도-유럽권 사유를 통해서 반대편에 있는 유럽의 끝자

락에서도 발견할 수 있다. 이러한 맥락에서 여기서 조르주 뒤메질Georges Dumézil을 살펴볼 필요가 있다. 뒤메질은 인도적 사유의 구성이 인도-유럽권 문화에 얼마만큼이나 영향을 미쳤는지를 밝힌 학자인데 그에 따르면 이러한 인도적 사유는 저 멀리로는 대서양과 발트해 연안에 이르기까지 여전히 발견할 수 있으며, 어떤 경우에는 그 사상이 사실상 별로 변하지도 않았다는 것을 알 수 있다.

다소 역설적이게도 우리가 오늘날 인식하고 있는 불교는 너무 인도적이며 동시에 대단히 비인도적이다. 너무 인도적이라는 말은 인도불교가 똑같이 중요한 다른 불교 전통들에 대해 손해를 입히면서까지 '전통적' 불교를 대표하게 되었다는 의미에서 그렇다는 것이다. 그 대표적 예로 경전의 양과 내용의 측면에 있어 팔리어와 산스크리트어 경전에 비해서 티베트와 중국, 일본의 경전들은 종종 과소평가되어 왔다. 불교가 대단히 비인도적이라는 말의 의미는 '전통적' 불교가 문화적·사회적 배경에서 맥락을 잃어버린 채, 일종의 '진공 포장'된 형세가 되어 버렸다는 것이다. 그것이 인도적이건 아니건 간에, 실제 숨 쉬고 있는 불교라는 것은 또 다른 이야기이다. 이 이야기는 현재에도 계속 쓰여지고 있어야 하며, 그것은 아주 다른 이야기가 될 것이다.

여기에서 잠시 인도불교가 중시되어 온 것에 대해 생각해 보기로 하자. 인도불교에 대한 강조는 아시아와 서양 양쪽 모두에서 자리매김한 그 문화적 중요성 때문에 일견 정당화되어 온 경향이 있다. 그러나 특히 철학적 측면에서 인도불교의 우위권은 그 정도까지는 정당화될 수 없으며, 그 것은 무엇보다도 인도사회에서 큰 영향력을 미쳤던 종교이자 문화이며 철학 체계였던 자이나교와의 관련을 볼 때 더욱 그러하다. 그러나 붓다와 동시대에 성립되었다고 하는 이 자이나교에 대해, 우리는 늘 회자되는 몇 가지 틀에 박힌 지식 말고 과연 무엇을 알고 있는가?

게다가 하나의 불교는 다른 것들을 드러나지 않게 할 수 있다. '전통 불교'에 대한 관심과 그것에 대한 대승과 소승이라는 두 가지 형태로의 정형화는 그저 주술이나 미신 정도의 지위로 격하되어 온 밀교의 예처럼, 다른 철학적·종교적 전통에 대해 관심을 두지 않도록 만든 경향이 있다. 특히 우리는 불교사상이 철학적으로 가장 최고점에 이른 것이 인도 중관 전통이라는 기존 관념에서 벗어날 필요가 있는데, 실제 우리가 알고 있는 중관 전통은 나가르주나Nāgārjuna, 龍樹가 『중론』中論에서 주석한 내용을 통해서일 뿐이다.

역설적으로 인도에 대해 서구인들이 잘 모르고 있는 것에 대해 말하자면, 로제 폴 드루아Roger-Pol Droit가 『인도의 망각』L'Oubli de l'Inde에서 인도를 논하기보다는 서구를 논한 것과 마찬가지로, 불교철학에 대해 설명한다고 할 때, 불교보다는 철학을 논하곤 한다.

우리는 인도 문헌에 대한 관념적 접근의 관점이 아니라, 지역적 확장과 그 교리 전파의 관점에서 불교 전통을 고려할 필요가 있다. 앞에서 언급한 대로, 불교는 인도에서 기원전 5세기 무렵에 출현하여 천 년간 계속해서 아시아 대륙으로 전파되어 나갔다. 일본의 선禪을 제외하고서, 중-일 불교 전통은 최근까지도 중국학 학자들과 불교학 학자들 모두에게 이상하리만큼 간과되어 온 측면이 있다.

서양철학이 그리스-로마와 유대-그리스도교 사상에 기반을 두고 있는 것처럼, 불교철학은 인도화·중국화 과정을 통해, 그 문화권에 동질화될 수 있었고, 또 한편으로는 티베트와 일본에서처럼 자기 원래의 문화적 요소도 동시에 간직할 수 있었다. 불교사상과 불교가 토착 종교와 습합하고 발전해 간 과정들을 이해하기 위해서 우리는 인도를 멀리 떨어뜨려 놓을 필요가 있으며, 아시아 전체적 맥락에서 불교를 고려할 필요가 있다.

　대승불교의 잠재력이 점점 힘을 키워 가는 가운데, 중국불교는 도교와 유교 같은 여러 다른 전통에도 영향을 발휘하며 상호 간의 교섭의 물꼬를 트기 시작했다. 불교사상은 중국 지성사에 지대한 공헌을 했는데, 특히 중국불교의 수많은 종파들은 철학적으로 많은 기여를 했다. 중국 전통 사상(특히 유교)은 불교를 '오랑캐' 종교로 바라본 측면도 있었다. 하지만, 역설적으로 불교는 중국 사상의 전통을 계승하게 되었다. 불교를 미개한 종교로 본 서양인으로 빅토르 세갈렝Victor Segalen을 대표적으로 거론할 수 있을 텐데, 그는 '오랑캐들의 불교'가 위魏나라에서 불교가 얼마나 부패했는지에 대해 신랄하게 비판했다. 그는 심지어 중국의 불교는 중국 사상의 타락이며, 중국의 불교미술은 중국적 양식의 타락이라고까지 평가했다.

　이와 같이 비록 인도가 '인도의' 불교를 설명할 수 있을지는 몰라도, 그리고 다른 전통의 불교가 인도를 빼놓고서는 이해될 수 없을지라도, 인도만 가지고서 불교를 설명하는 것은 충분하지 않음을 알 수 있다.

4_불교는 허무의 종교인가?

불교는 '무'를 숭상하는 종교이다.

세상에 어떻게 그런 숭배가 있는가!

이는 이해할 수는 없지만 기정사실임에 틀림없다.

—빅토르 쿠쟁Victor Cousin(1841)

지난 세기 초까지만 해도 불교는 허무의 가르침으로 인식되어 왔다. 이러한 생각은 열반이라는 개념에 대한 부정확한 이해에서 기인하며, 19세기와 20세기 초반에 불교에 관한 저작을 남긴 거의 모든 이들이 어떠한 형태로든 간에 주장했던 것이다. 예를 들어, 폴 클로델Paul Claudel이라는 가톨릭 신자는 『동양의 이해』*Connaissance de l'Est*라는 책에서 "붓다는 단지 무를 발견했을 뿐이고 그의 교리는 터무니없는 영적 교섭을 가르친다"고 주장했다.

　　19세기 '불교 허무주의'에 관련된 논의는 유럽의 철학적 담론의 어두운 단면을 드러낸다. 붓다를 사악한 존재 정도로 보는 경향이 있었던 부정적인 오리엔탈리즘은 지난 세기 초엽에 어떻게, 또는 왜 그런지도 명확히 하지 않은 채, 붓다를 이상화하는 경향을 띠었던 긍정적 오리엔탈리즘으로 대체되었다. 그러나 불교는 우리가 일반적으로 생각하는 것과는 달리, 다른 지적 전통들과 관계가 그리 썩 좋았던 것만은 아니며, 어쩌면 관계가 좋았던 적이 없었던 것 같기도 하다.

실제 '불교'는 굉장히 최근의 구성물로, 19세기 초반부터 그 시초를 잡을 수 있다. 이때가 바로 불교라는 신조어가 처음 문헌에 등장하기 시작한 시기였다. 그러나 지금의 불교가 가지고 있는 지배적인 인상, 즉 치유적이고 이성적이며 자비와 관대함을 가르치는 종교라는 설명 태도는 이전에 불교를 '무를 숭상하는 종교'라고 보았던 것과는 정반대의 것이다.

니르바나nirvāna, 涅槃란 산스크리트어로, 붓다가 도달한 궁극적인 경지를 일컫는 용어이다. 이 개념은 삼사라samsāra, 輪廻와는 대조를 이루는데, 삼사라란 생사의 반복을 의미한다. 이론상 니르바나가 불교의 궁극적 목표로 인식되는 가운데, 니르바나는 그 개념이 19세기 동안에 가지고 있던 부정적 함의를 벗어 버리게 된다. 소승불교에서 니르바나는 모든 욕망의 소멸, 즉 순수한 부재를 의미했다.

하지만 대승불교에서는 한 걸음 더 나아가서 정신의 변혁을 일으키고자 했다. 확실하게 정의 내리기 힘들었던 니르바나라는 개념은 대승불교에 와서는 네 가지 용어, 상常·락樂·아我·정淨으로 정의된다.[1] 여기에서

---

1) 이것을 소위 '열반사덕'(涅槃四德)이라고 하는데, 대승불교에서는 열반의 개념이 소승불교와 다소 다르다. 대승불교에서는 현상세계가 열반이고, 열반이 현상세계라고 하는 관념에 기반하고 있었기 때문에, 열반 역시도 상(영원히 변치 않고 항상 지속되는 것), 락(그 자체가 기쁨으로 고통이 없는 것), 아(자재自在하고 다른 무엇에도 결박되지 않는 것), 정(번뇌에 물들지 않고 청정한 것)한 것이라고 설명한다.

최고의 목표는 붓다가 되는 것, 즉 '깨달음'bodhi을 얻는 것이 된다." 그것은 순수 경험을 말하는 것으로, 존재의 종식이라기보다는, 그 세계를 신성하다고 인식하며, 세계를 긍정하는 것이다. 여기서 깨달음이란 모든 부정적인 측면과 미혹으로 인한 거짓된 이해를 제거함으로써 얻게 되는 최고의 행복감을 말한다. 재가거사 유마힐維摩詰이 이 세상은 불완전하다고 불평을 늘어놓는 사리불에게 "마음이 청정하면, 그 세상이 바로 불국토이다"라고 말하는데, 이는 대승의 세계관을 단적으로 표현한 것이다.

　　서구에서 불교가 '허무주의적'으로 비쳐진 역사적 중요성을 놓고 볼 때, 이것이 어떻게 전개되어 왔는지 잠깐 살펴보는 것이 유용할 듯하다. 일반적으로 불교도들은 니르바나를 해방, 고통스러운 윤회의 끝으로 본다고 알려져 있지만, 이 해방의 성격에 관해 양분된 견해가 있었다. 그 한 견해에 의하면 불교도들이 영혼과 신을 부정하는 것은 니르바나가 완전한 파괴를 수반한다는 것을 의미함이 틀림없으며, 그러한 불교는 따라서 허무주의적이며, 침울하기 짝이 없는 비관주의라는 것이다. 다른 한쪽은 불교의 가르침을 불가지론不可知論으로 정의하고자 했는데, 그들은 붓다는 이 해방의 본질이라는 것에 대해 아무런 대꾸도 하지 않았다고 보았다. 허나 양쪽 다 아무리 봐도 왜 불교가 최고의 행복과 불멸성을 니르바나와 동일시했는지, 또 왜 그들이 붓다가 죽음을 극복했다고 주장했는지에 대해서 우리가 이를 이해하는 데 별다른 도움이 되지 않는다(그림 5 참조).

　　19세기에 허무주의적으로 니르바나를 해석함에 있어서 가장 큰 기여를 했던 사람은 바로 독일의 철학자 헤겔이었다는 점에는 별다른 이견이 없을 것이다. 헤겔은 불교의 니르바나를 단지 '무'無로 보았는데 이것은 불교도들의 제일원리로, 최고의적이며, 모든 것의 궁극적 목적이었다.

그림 5. 부처의 열반
45년간의 설법을 끝내고 임종을 맞고 있는 석가모니를
둘러싸고 여러 보살들과 10대 제자들이 비탄에 빠진 모
습이 묘사되어 있다.

따라서 헤겔은 붓다의 이미지를 손과 발은 꼬여 있고, 발가락은 입에 집어넣고 있는 '명상의 자세'로 묘사할 수 있다는 농담에 대해 그것을 아주 자연스러운 견해로 간주했다. 이것은 바로 "스스로에게서 물러남과 동시에 스스로를 빨아들인다"라는 것의 완벽한 표현이다. 그러나 비록 나중에는 반대로 보긴 했지만 헤겔에 따르면 불교의 무란 존재함의 반대 개념이 아니라, 모든 결정으로부터 자유로운 절대성이다. 절대성으로 전환하는 것은 인간의 상대적이며 조건 지어진 개인적 특성을 절멸시킨다. 따라서 그 결과인 공은 무가 아니며, 충만함의 또다른 이름일 뿐이다.

안타깝게도 헤겔의 후계자들은 단지 헤겔의 그 공식을 붙들고만 있었지 그 미묘한 뉘앙스는 유지하지 못했다. 심지어 『법화경』을 처음 서구 언어로 번역했던, 저명한 프랑스 학자 외젠 뷔르누프Eugène Burnouf까지도 붓다는 "사유의 원리의 절멸 속에서 최고의 선을 보았다"고 언급했다. 그의 제자인 쥘 바르텔레미 생틸레르Jules Barthélémy Saint-Hilaire는 한 걸음 더 나아가 말하기를, "만일 세상에 그리스도교의 가르침에 반대하는 것이 있다고 한다면, 그것은 바로 불교의 근간을 이루고 있는 '절멸'일 것이다"라고 했다. 이것이 붓다가 계속해서 "공을 설하는 대단한 그리스도"(에드가르 키네Edgar Quinet)로 불리고, 불교가 "허무주의의 교회"(에르네스트 르낭Ernest Renan)로 불린 까닭이다.

독일 철학자 쇼펜하우어는 불교에 근본적으로 더욱 비관적 태도를 갖게 한 인물이다. 그는 불교를 무신론적 종교라고 보았다. 여전히 니르바나는 그 자체로 무가 아니었다. 단지 언어와 사고의 무기력함 때문에 우리에게 그렇게 드러나는 것뿐이다. 쇼펜하우어는 그의 『의지와 표상으로서의 세계』에서 "니르바나를 무로 정의하는 것은 결과적으로 삼사라가 니르바나를 구성하거나 정의하는 데 도움이 될 수 있는 단일한 요소를 포함하지 않는다는 것을 말하는 것이 된다"라고 말했는데 이 점에 있어서 그의 관점은 앞에서의 헤겔의 관점과 유사하다. 반면에 니체는 불교를 무에 대한 향수 혹은 의지에 대한 무기력함으로 보았으며 "비극은 불교로부터 우리를 구원해야만 한다"고 주장했다.

이러한 허무주의 이론은 두 가지 오류를 포함하고 있다. 하나는 니르바나의 목표에 관련한 잘못된 이해인데, 이 개념은 어떠한 서술로도 설명할 수 없는 초월적인 본성을 가졌음에도 불구하고, 단지 부재 혹은 절멸정도로 이해되어 왔다. 또 다른 오류는 중관학파中觀學派의 변증법적 방식을 피상적으로 이해하여 비롯한 것인데, 중관에서 말하는 부정이란 부정함으로써 그 논법을 이어나가나 종국에는 부정함에 그치지 않고, 심지어 공이라는 개념까지도 포함하여 모든 관념을 벗어던지게 하는 것이다. 이것은 간단히 말해 우리는 궁극적 실재에 대해서는 아무것도 말할 수 없다는 것을 의미한다. 그러나 이것이 실재가 우리의 언어적 한계 이상 혹은 그

바깥에 있지 않다는 것을 의미하는 것은 아니다.

로제 폴 드루아에 따르면, 19세기 전체에 걸쳐, 그리고 그 이후로까지도 계속되었던 이러한 오해는 서구사회가 가진 사악함을 드러내는 것이다. 특히 이것은 서구 철학자들이 허무주의라는 유령을 마주했을 때 가졌던 두려움을 드러낸다. 이것은 서구의 그리스도교 전통과는 너무 다른 교리를 이해하는 데에 있어 당시의 무지하면서도 애처로운 무능력을 드러낸다. 또한 이것은 그들에게 서구사회를 위협하는 것처럼 보였던 것에 대한 적극적인 저항의 형태로, 실제로 하나의 정치적인 전략이기도 했다. 유럽인들은 아마도 칸트 이후 철학에서 형이상학적 구심점을 잃어버리게 만든 '신의 죽음' 때문에 가질 수밖에 없었던 불교에 대해 자신들의 두려움을 투사했던 것이었으며, 당시는 또한 '서구의 후퇴'를 경험하는 시기였으며 무산계급이 점점 세력을 키워 가던 시기이기도 했다.

다른 사회·정치적 요소도 역시 한몫을 하였는데, 그 중에서 가장 주목할 만한 것은 식민주의와 선교 정신의 등장이었다. 드루아에 따르면 인도에 대한 철학적인 판단은 불교에 대한 악의가 가득한 『붓다와 그의 종교』*Le Boudha et sa religion*라는 소책자의 저자인 생틸레르에 의해서 전화점에 이른 것처럼 보인다. 이 저자가 제3차공의회와 프랑스의 식민지 확장기 동안에 쥘 페리 내각의 외무부장관이 된 것은 결코 우연의 산물이 아닌 듯하다.

19세기 전반기에 '오리엔탈 르네상스'에 대한 정열에 타올랐던 것에 비해 같은 세기 후반기에는 인도에 대한 관심이 급속히 식어 가게 되었는데, 이는 역사가들에게는 미스터리로 남아 있다. 이 급격한 변화는 20세기의 시작과 함께 불교에 대한 이상화를 점점 가져왔는데, 논리적으로 볼 때 이 변화는 한편으로는 인도철학에 대한 흥미를 다시 불러일으킬 여지도 있었을 것이다. 그러나 이것은 아마도 지금 논의의 대상인 불교가 더 이상 인도의 것으로 인식되지 않았기 때문에 그러한 현상은 일어나지 않았다. 따라서 니르바나를 둘러싼 논쟁은 불교에 대한 오해의 원인일 뿐만 아니라 동시에 그 결과인 듯하다.

5_불교는 철학이지 종교가 아니다?

불교는 본질적으로 삶에 대한 태도이며, 더 고상하게 표현하자면 철학이라고
할 수 있겠는데, 그 철학은 절대성에 다가가는 경향이 있다.

—미셸 말레르브Michel Malherbe, 『인류의 종교』*Les religions de l'humanité*

위의 인용은 심지어 학계를 포함해서, 아마도 서양에서 불교에 관해 가장
잘 알려진 이미지인 듯하다. 비슷하게 장 프랑수아 르벨은 『승려와 철학
자』에서 "불교는 철학으로서, 특히 중요한 형이상학적 측면을 구성한다.
이 형이상학적 측면은 그 철학적 부분을 형성하는 것은 사실이지만, 이것
은 계시에 따른 것이 아니다. 비록 불교에 종교적 수행에 관련한 의례적인
측면이 분명 있을지라도 말이다"라고 했다.

　　그러나 많은 사람들에게 불교의 핵심은 어떠한 계시나 형이상학이
아니라, 그것이 '필연적인 혁명'이라는 점이었다. 그렇다고 해도, 다소 이
른 감이 있게 '원시 불교'로 이름이 붙여진 초기 불교 학파에게 적용된 논
리가 반드시 다른 불교 전통 전체에도 다 적용되는 것은 아니다. 왜냐하면

그림 6. 총카파와 구카이

티베트 겔룩파의 개조 총카파(왼쪽)와 일본밀교 진언종을 개창한 구카이(오른쪽). 총카파는 엄격한 규율로써 현교와 밀교를 융합한 신교도의 종교개혁운동을 일으켰으며, 일설에 의하면 구카이는 일본의 문자인 가나를 만들었다고 한다.

심시어 초기 불교에서조차도 항상 변화가 있어 왔고 그 안에도 여러 가지 형태가 있었기 때문이다.

불교철학 전통에는 인도의 나가르주나^{Nāgārjuna}(용수龍樹), 찬드라키르티^{Candrakīrti, 6세기}(월칭月稱), 티베트의 총카파^{Tsongkhapa, 14세기}, 중국의 길장吉藏, 549~623, 법장法藏, 643~712, 종밀宗密, 780~841, 일본의 구카이^{空海, 774~835}, 도겐道元, 1200~1253 등과 같은 수많은 '철학자'들이 있다(그림 6 참조). 불교철학자들이 제창한 논리학적이거나 인식론적인 논의들은 후대에 서구 학계에서 논의된 것과 비교해서도 그 유효성이 절대 뒤지지 않는다. 그러나 이들의 불교 논리는 보편적인 이성의 문제를 다루었다기보다는 논의가 언제나 불교적 해탈이라는 특정한 틀 속에 머물러 있었다는 차이가 있다.

벨기에 태생의 학자인 루이 드 라 발레 푸생Louis de la Vallée-Poussin은 불교는 "영원한 구원에 대한 믿음에 기반하여, 후생과 행위에 대한 과보라는 개념 속에서 시작하여 지속되어 왔다.……불교를 이성주의적 형태로 만드는 것은 이러한 불교에 대한 이해를 가로막는 것이다"라고 지적한 바 있다.

어떤 이들은 불교를 설명함에 있어서, '종교'와 '철학'이라는 용어를 피하고 '영성'spirituality 혹은 '지혜'라는 단어로 대신했다. 또 다른 이들에게 불교는 자비에 기반한 도덕적 가르침 혹은 깨달음에 이르는 주요한 길이다. 실제로 이러한 정의들은 결코 중립적이라고 할 수 없다. 순진하게도 많은 경우 이 정의들은 항상 불교는 종교가 아니라고 하는 주장이거나, 그게 아니라면 불교의 종교적 측면은 부차적이라는 주장이다.

불교에서는 '실재는 알 수 없다不可知'라고 한다. 이 부정적인 언명은 사물의 본성 혹은 실재, 그리고 앎 둘 다에 관련된 것이다. 대승불교에서 주장한 대로 만약 사물들이 존재하지 않는다면, 그 사물들의 본성이 정말로 앎의 대상이 될 수 있을까? 만일 궁극적 진리가 말로 표현되지 않는다면, 그리고 개념화될 수 없는 것이라면, 지식은 탈개념적이고 탈언어적임에 틀림없다.

붓다는 깨달음의 순간에 모든 법法——다른 표현으로 실재를 구성하는 요소——에 대한 앎이라고 하는, 전지함을 얻었다고 말한다. 초기 불교에서 이 앎은 논증적인 접근에 기반한 것이었다. 그러나 '불가사의'不可思議, acintya의 영역, 즉 다시 말해 사유로 결코 이를 수 없다고 생각하는 영역도 있었다. 이 점이 아마도 왜 붓다가 수행론적 관점에서 전혀 도움이 되지 않는 세상의 기원이라고 하는 문제들과 같은 질문들에 대답을 하지 않았는지를 설명할 수 있을지도 모른다. 따라서 '아친티야'(불가사의)라는 용어는 원래 서툴게 제기된 질문들을 지칭하는 단어로 사용되곤 했다. 그후 이 용어는 실재의 본성과 깨달은 관점에서의 본성에 대한 역설적인 인식을 가리키게 되었다.

초기 경전 속에서 앎에 대한 인식론적인 상태에 대한 설명은 다소 명확하지 않은 면들이 있다. 수많은 경전이 깨달음에 이르는 데는 집착과 앎이라고 하는 두 가지의 장애가 있다고 말한다. 조건 지어진 모든 경험적 앎은 미망이라고 하는 꼬리표를 늘 달고 있다. 자아의 구성물인 식識, vijñāna 은 무상하며 고통일 뿐이다. 따라서 데카르트가 주장한 바와 같이 이성적인 사고는 모든 것을 규율하는 최상의 능력이 되지 못한다.

그러나 이러한 한계에 종속되지 않는 직관적 형태의 앎도 있다. 불교 발생 초기에, 일군의 경전은 직관적 형태의 앎을 '환하게 앎' 또는 모든 것을 포함하는 다르마라고 서술하기 시작했다. "기원 후 처음 몇 세기 동안에 걸쳐서 이루어진 대승불교의 발전기 동안 이러한 앎은 반야般若, prajñā 라는 개념으로 정의되었다. 따라서 문제는 그것이 논증적인 앎을 확장한 것인지 아니면 실제로 앎과는 반대가 되는 것인지를 확인해야 한다는 점이다.

이에 따라 깨달음은 지혜의 완성, 즉 반야바라밀般若波羅蜜이라고 하는 특별한 형태의 앎을 통해서 성취될 수 있다는 견해가 등장하기 시작했다. 역설적인 성격을 가진 앎은 실제로는 앎을 부정하는 것이다. 부정함을 통해서 취하는 접근 방식은 깨달음을 알 수 없는 것, 언설할 수 없는 것, 다가갈 수 없는 것으로 이해하는 것이다. 그 앎은 다만 변증법적인 이중부정 (이것도 아니고 저것도 아니라고 하는) 혹은 궁극적으로는 침묵을 통해서 가까이 갈 수 있다.

『유마경』維摩經에서 유마힐이 다음과 같이 말한 것도 이와 마찬가지이다. 그는 "모든 법은 상相을 떠나 있으며, 그러한 것들은 불가지·불가언설이다. 존재하지 않는 상태로 모든 법은 상을 떠나 있다. 그것들에 대해서 아무 말도 할 수 없으며, 할 수 있다고 하더라도 관습적 의미에서 말할 수 있을 뿐이다. 그것들을 아는 것은 그것들에 대해서 생각하지 않는 것이다"라고 말한다. 많은 사람들은 세상을 거울에 비친 상, 신기루로 나타난 물, 메아리 속에 들리는 소리, 꿈에서 본 이미지, 혹은 좀더 비유적으로 말해 환관의 발기, 석녀의 임신과 같이 헛되게 인식한다. 이러한 문제에 대해 유마힐은 "깨달음이란 몸이나 마음 어느 것으로도 확증될 수 없다. 깨달음이란 모든 사견을 종식시키는 것이다"라고 설명한다.

똑같은 논리를 유명한 반야부 경전 중의 하나인 『반야심경』 속에서도 찾을 수 있다. 이 경전은 관음보살이 사리불에게 공空을 설하고 있는 굉장히 짧은 경전으로, 티베트에서건 일본에서건 많은 불자들이 매일 독경하는 경전이다. 이 경전 속에서 사리불은 소승 수행자의 고지식한 관점을 대변하는 인물로 그려지는데, 여기서 사리불은 부처에게 모든 전통적인 교의는 무의미하며 궁극적 입장에서는 결국 공이라는 놀라운 설법을 듣게 된다. 이 관점은 바로 붓다가 초전법륜에서 설한 사성제와 같은 경우이다. 다소 역설적이지만 이 유명한 철학적 성격의 경전은 다라니, 즉 주문으로 그 끝을 맺는다. 후대 주석가들은 이 점을 놓치지 않았는데, 어떤 이들은 이 주문이 나중에 부가된 것으로 설명하기도 하며, 또 다른 이들은 이 다라니를 공에 맞추어진 새로운 형태의 언어로서, 밀교 '지향적' 언어의 전조로 보기도 했다.

『유마경』에 나타난 사상은 기원후 3세기쯤에 나가르주나가 제창한 소위 중관학파에서 체화되고 체계화된 것이었다. 나가르주나는 반야부 경전 전통을 이어받아 중관사상을 처음으로 체계화한 인물로 알려져 있다. 그의 영향력은 굉장했는데, 그의 저서는 대승 교리에서 최고의 권위를 가지게 되었으며, 후대의 많은 주석가들에게 반드시 짚고 넘어가야 할 필수불가결한 가르침으로 여겨졌다.

나가르주나는 어떠한 특정한 형태의 앎도 공임을 논리적으로 증명하고자 했다. 그는 사구분별四句分別의 형식으로 사유 불가능한 실재의 본질을 제시했다. 사구부정은 이 단어 그대로 네 가지 입장을 보유하고 있다. 이것은 바로 긍정(X는 A이다), 부정(X는 A가 아니다), 앞의 둘의 통합(X는 A이면서 A가 아니다), 그 둘의 변증법적 부정(X는 A도 아니고 A가 아닌 것도 아니다)의 형태이다. 여기서 세번째 논증은 아리스토텔레스의 논법에서 정의된 무모순율無矛盾律에 모순이 된다는 점은 흥미롭다. 사구부정을 통해 일체의 존재는 부정되어 버리고, 어떠한 경우든 간에 여기서 절대적 실재는 이 네 가지 입장에서 벗어나 있는 것이다. 중관불교의 불가지론은 단순히 절대회의론자의 회의론은 아니다. 또한 허무주의도 아니다. 왜냐하면 그것의 존재에 대한 논파가 존재하지 않음을 의미하는 것은 아니기 때문이다. 이 지적인 해체 비평의 진가는 후대에 등장한 경전인 『헤바즈라 탄트라』*Hevajra tantra*에서 더 풍부한 용어로 표현된다. 데이비드 스넬그로브David L. Snellgrove의 번역에 따르면 이는 "마치 헛배부름으로 고통받는 사람이 먹을 콩을 얻게 되는 것처럼, 바람이 바람의 치유법으로 바람을 극복할 수 있으며, 존재는 역시 존재에 의해 치유가 되는데, 이는 같은 유의 추론적 사고에 대항해서 가능하다"고 한다. 지금은 고전이 된 무르티T. R. V. Murti의 『불교의 중심 철학』*The Central Philosophy of Buddhism*(1955)
이 출판된 이후, 이 책의 영향력은 굉장했다. 그로 인해 중관불교가 마치
불교사상 가운데에서 최고봉인양 간주되는 경향도 생겼다. 이로 인해, 초
기 불교는 순전히 철학인 것으로이해되었다. 이러한 과정 속에서 형이상
학적 문제란 불완전하게 조직된 것이며, 이는 문법적 오류로 요약할 수 있
다는 점을 부각시킴으로써 붓다를 비트겐슈타인Wittgenstein의 선구자 정
도로 이해하는 경향마저 생겨나게 되었다.

자아와 외부세계에 대한 실재를 거부하기 때문에 중관사상은 불교
교학의 근본적인 측면 중 하나인 업業의 원리에 개의치 않는 듯 보였다. 이
문제를 벗어나기 위해서 나가르주나는 이제二諦[1]라는 개념을 사용했다.
세속제世俗諦(혹은 속제)가 승의제勝義諦(혹은 진제 또 다른 표현으로는 공)에
다가가는 유일한 수단인 한, 모든 수행 전통들은 그들 존재의 이유를 한동
안은 유지한다. 그러나 일부 나가르주나의 계승자들은 공의 논리를 그 극
단까지 밀고 가서, 모든 형태의 좌선, 또 그 중에서도 실재에 대한 인식적
인 접근이 가진 모든 가치들을 전적으로 부정해 버렸다. 예를 들어 이러한
관점은 선불교에서 가장 극단적으로 적용되었다.

이론적으로 선불교는 중관사상에서 비롯한 것이다. 비교적 초기에
성립된 어느 선불교경전에서는 나가르주나의 사구분별을 다음과 같이 표
현하고 있다. "깨달음이 존재를 통해서 얻어질 수 있습니까?" "아니오."

---

1) 대승불교에서는 진리의 양태를 두 가지로 구분하는데, 이것을 이제라고 한다. 하나는 세속의 진
리(世俗諦)로, 모든 것을 존재하는 그대로 인식하는 것이고, 다른 하나는 승의적, 혹은 궁극적 진
리(勝義諦)로, 모든 것은 공하다는 점을 인식하는 것이다. 이 이제에 대해서 나가르주나는 세속의
진리를 정확하게 볼 때, 이 두 가지 진리는 서로 반대가 되는 것이 아니라 서로를 포함하고 있음
을 설명했다. 즉, 중도에서 이 진제와 속제는 통하게 된다.

"비존재를 통해서 얻어질 수 있습니까?" "아니오." "존재와 비존재를 통해서입니까?" "아니오." "존재도 아니고 비존재도 아닌 것을 통해서입니까?" "아니오." "그럼 우리는 어떻게 깨달음의 의미를 알 수 있습니까?" "어떠한 것도 알 수 없으며, 이것이 바로 우리가 깨달음을 얻는다고 하는 것이오."

9세기 중국의 임제 의현臨濟義玄 선사는 임제종의 개창자로——이 종파는 나중에 일본 선불교에서 조동종曹洞宗과 함께 가장 큰 두 종파 중 하나가 되었다——앎을 '우리 눈 속의 티끌'이며 그 앎의 대상을 '허공 속에 핀 꽃' 즉 시각적인 환상이라고 설명했다. 그는 자신의 언어로 사구분별을 보여 주었는데, 앎의 주체와 그 객체 사이의 관계를 다음과 같이 기술하였다. "때론 사람들이 인간을 떠나지 세상을 떠나지 않는다. 때론 세상을 떠나지 인간을 떠나지 않는다. 때론 인간과 세상 모두를 떠나 버린다. 때론 인간도 세상도 떠나 버리지 않는다." 어느 제자가 선사에게 첫번째 부분에 대해서 좀더 자세한 설명을 요청하자, 선사는 다음과 같은 애매한 시로 대답했다. "따스한 햇살이 대지를 수놓으며 눈앞을 비추네. 어린아이의 비단 같은 하얀 머리칼이 그 아래로 드리우는구나." 선사는 다른 질문들에 대해서도 같은 태도를 취했다. 그의 대답이 비록 교리적인 해석 영향하에 있는 것이긴 하지만, 이 변화는 신의 계시와 같은 본성을 언어로 표현함으로써 본질적으로 나가르주나의 사구분별이 가진 '철학적' 가치를 한정시키는 것이다.

불교를 일반적인 철학의 틀 속에서 놓고 보는 것도 중요하지만, 그런 작업이 가져오는 역효과 역시 생각해 보아야 할 것이다. 즉 이는 서구 철학의 이성주의적 논의에 부여된 특권에 대한 당연시를 문제 삼지 않기 때문에 또다시 문제를 서구 중심으로 바꾸어 놓게 되며 여기서 우리는 제외라고 하는 새롭고 더 미묘한 형태에 일조할 수 있는 위험을 안고 있다. 불교사상을 철학적인 맥락에 위치 지음으로 해서 우리는 기본적으로 어떤 쪽이 더 다양한 중요성을 갖고 있는지를 선택한다. 이는 비철학적인 부분에 대한 제외를 의미하는데, 여기서 '비철학적'이란 결국 서구의 동조를 일으키기에 부족하다고 생각하는 동양의 문화적 요소를 의미한다.

비철학적 요소를 제외하려는 노력은 의심할 여지 없이 불교가 일시적 유행으로 영성, 지혜, 종교, 나쁘게는 미신 등으로 평가되는 것을 꺼리는 경향에서 비롯한 것이다. 이렇게 서구에서 불교의 철학적 측면에 대한 두드러진 선호는 비록 다른 동기에 의해 시작된 것이기는 하지만 일부 동양의 지식인들이 불교를 정제되고 '탈신화적'이고 이성적인 형태, 즉 근대성에 완벽하게 합치하는 가르침으로 내세웠던 시도에서 비롯한 측면도 있다. 또 이 미니멀리즘적 교리는 논의의 급증을 제어하는 방법을 제공하기도 했다. 그 방법이란 지적 권위라는 미명하에 수행과 믿음의 다양성을 거부하는 것이다.

이런 문제를 간단히 해결하는 것은 가능하지도 않고 상상할 수조차도 없다. 만약 우리가 여기서 전통적인 불교, 혹은 아시아의 불교로 논의를 한정한다면 불교를 종교라고 정의할 수 있을지도 모른다. 하지만 이때의 종교란 서구인들에게 익숙한 종교와는 상당히 다른 것이다. 즉 불교는 철학적·영적·주술적 요소를 모두 가지고 있는 종교인데, 이 요소들은 서구에서 말하는 종교의 요소와는 배타적인 지점에 있는 것으로 간주되어 왔다.

에밀 뒤르켐Émile Durkheim이 그의 『종교 생활의 원초적 형태』*Les*

*formes élémentaires de la vie religieuse*에서 종교를 정의하기를, 종교란 "사회적 행위를 도출해 내고, 같은 집단 내에 그것을 믿는 모든 개인들을 통합하는 신성함에 관련한 믿음과 수행의 체계"라고 하였는데, 이 관점에서 불교는 확실히 종교라고 할 수 있다. 혹 아니라면 의례와 신화를 포함할 수 있는 장점을 가진 더 넓은 범주의 개념으로 사상이라는 개념을 써서, 간단히 불교 '사상'이라고 하면 어떨지 모르겠다. 물론 여기서 사상이란 광의의 개념으로서, 그 형태가 해당 사회와 문화에 의해서 결정되는 것임은 분명하다. 하지만 어떠한 사상이 그렇지 않겠는가? 얼마만큼 순수성을 담보하든 간에, 모든 철학은 그것이 표현된 언어의 언어학적 범주를 반영한다는 점에 있어서 문화적이다.

6_ 모든 불교도들은 깨달음을 추구한다?

불교가 추구하는 정신적 목표는 깨달음이다.

— 마티유 리카르 *Matthieu Ricard*, 『승려와 철학자』 *The Monk and the Philosopher*

대승불교에서는 보살이라고 하는 새로운 종교적 모델이 등장하는데, 보살이란 깨달음을 얻고자 노력하는 자 혹은 이미 깨달음을 얻은 자를 말한다. 여기서 소승불교에서 추구하는 깨달음, 즉 감각적 세계에서의 탈출은 중요하지 않다. 소승 수행자와는 정반대로 대승의 '보살'은 이 인간세계나 다른 세계에 두루 존재하는 깨달은 존재를 의미한다.

이 새로운 이상은 명백히도 이전의 전통에 대해 비판적 태도를 보여준다. 대승불교의 교리에 따르면 아라한은 가능한 빨리 깨달음에 도달하고자 자신만을 위해서 수행을 하는 데 비해, 보살은 자비심을 바탕으로 모든 중생들이 깨달음에 이르도록 도우며, 자신만을 위한 깨달음은 거부한다. 따라서 이제 아라한들이 지향하던 해탈보다는 육바라밀[1]이라고 하는 일반인들의 요구에 더 부응할 수 있는 적극적인 덕목들이 중요해진다. 이렇게 보살의 이상은 더 이상 승려들에게만 한정된 것이 아니라, 우바새, 우바이와 같은 재가신도들에게도 열린 것이었다. 이러한 가운데, 궁극적 목표는 더 이상 니르바나로 귀결되는 수행이 아니라 세상 속에서 모든 이가 다 함께 깨달음을 얻을 수 있도록, 자비행을 베푸는 것이 되었다.

『법화경』과 같은 대승 경전에 따르면, 보살도는 오직 한 가지이다. 다른 모든 것들은 그저 방편upāya일 뿐으로 이것은 중생을 깨달음으로 다가가게 하기 위한 종교적 목표를 가진 방법의 일종이다. 이 목표에 이르기 위해서는 오직 하나의 '가르침'만이 있는데, 이것이 바로 '대승'으로 나머지 모든 것들은 단지 미망일 뿐이다. 보살에게 있어 두 가지 중요한 순간이 있다. 하나는 깨달음을 구하겠다고 하는 보리심菩提心을 내는 것이고, 다른 하나는 깨달음 직전의 위치인 구경위究竟位를 획득하는 것이다. 비록이 두 순간 사이의 시간 간격은 수많은 생을 그 단위로 하기 때문에 그 시간은 상상을 초월할 정도로 길지만, 궁극적 의미에서 이미 처음 이 생각을일으킨다는 것은 깨달음이 이미 포함된 것이다. 따라서 발보리심하는 것이 굉장히 중요한데 왜냐하면 이때가 바로 그 수행자가 깨달음을 얻겠다는 마음을 내는 것뿐만 아니라 다른 중생들을 구제하기 위해 자신의 깨달

---

1) 육바라밀(六波羅蜜)은 보살이 닦아야 할 여섯 가지 수행이다. 육바라밀 중 첫번째는 보시바라밀 (布施波羅蜜)이다. 보시바라밀이란 남에게 재물, 진리 등을 한없이 베풀면서도 조건을 내세우거나 보답을 바라지 않아야 하며, 베풀었다는 생각마저도 갖지 말아야 한다. 다음은 지계바라밀(持戒波羅蜜)이다. 지계란 계율을 지킨다는 뜻으로, 여기에는 살생하지 않으며, 음란한 짓을 하지 않으며, 거짓말이나 이간질하지 않으며, 남을 괴롭히는 나쁜 말을 하지 않는 것, 탐욕을 부리지 않으며, 화를 내지 않으며, 어리석은 생각을 하지 않는 것 등이 있다. 인욕바라밀(忍辱波羅蜜)은 인내하고 남을 용서하며, 어려운 일을 당하여도 좌절하지 않는 것이다. 정진바라밀(精進波羅蜜)은 끊임없이 노력하면서 게으르지 않은 것을 말한다. 선정바라밀(禪定波羅蜜)은 마음을 고요히 가라앉히고 한곳에 집중하는 것을 뜻한다. 지혜바라밀(智慧波羅蜜)은 진실한 지혜를 얻는 것을 말한다.

그림 7. 지장보살(14세기 후반, 고려 불화)
지장보살은 지옥에 떨어진 중생을 구제하는
대표적 보살이다. 이 고려불화는 현재 미국
뉴욕 메트로폴리탄미술관에 소장되어 있다.

음마저도 미루겠다는 서원을 세우는 지점이기 때문이다. 이 자비심은 수행자가 수행을 함에 있어서 길잡이 역할을 하는 것으로 그에 따라 모든 어려움들이 제거될 수 있다.

이론적으로 '보살'이라는 용어가 대승 전통에 정통한 수행자들에게 모두 적용될 수 있지만, 보살은 기본적으로 오랜 수행 기간을 거친 후 수많은 공덕을 쌓아 이 공덕을 다른 이들을 위해 회향할 수 있는 위대한 존재들을 일컫는다. 이 보살들은 중생의 필요에 따라 여러 가지 모습(신, 인간, 동물)으로 화현할 수 있는 능력을 갖고 있다. 따라서 보살은 심지어 지옥에 떨어진 사람들을 위해서는 지옥으로 따라가서 구제하며, 동물의 경우에는 이들을 구제하기 위해 동물의 모습으로 화현하여 구제하기도 한 다. 이런 까닭으로 보살은 비교적 빠른 시간 내에 숭배의 대상이 될 수 있었고, 이것은 불교를 신심과 의례 중심의 종교로 변모하게 만드는 중요한 요소가 되었다(그림 7 참조).

다시 '일반적인' 보살의 문제로 돌아가서 논의를 계속해 보자. 동아시아에서 대승불교가 전파되어 감에 따라 새로운 문화적 조건하에 승가 공동체 규칙을 재정의할 필요성이 생겨났다. 그리고 신심과 이타주의에 바탕을 둔 내면화된 윤리에 강조점을 맞춘다. 악을 그저 피하는 것은 더 이상 충분치 않으며, 반드시 선해야 한다. 그 결과 '보살계'菩薩戒라고 하는 새로운 형태의 계단이 발전하기 시작했고 이것은 재가신도들——특히 큰 보시를 하는 사람들——에게도 개방되었다. 이렇게 새롭게 수계를 받은 보살들은 사회구제 사업, 즉 사원의 건축, 참배객을 위한 숙소, 길 닦기, 다리 건설 등에 관심을 기울이게 되었다.

깨달음이 불교 수행의 최고 목표라고 주장하는 경전이나 수행도 많이 있다. 어떤 이들은 이러한 목표는 인간의 주어진 한계 때문에 성취하기 힘들다고 하지만 적어도 단기적인 관점에서는, 비록 불완전한 마음의 상태에서일지라도 불교적인 수행을 하는 것은 공덕을 쌓는 데 도움이 된다고 보았다. 이렇게 쌓은 복덕은 현생에서 그 공덕을 회향할 수 있으며 혹은 내생에 더 나은 곳에 태어나기 위해 필요한 것으로 인식되었다. 예를 들면 다음 생에서도 인간으로 다시 태어날 기회가 주어질지도 모르며, 특히 남자로 그리고 배경 좋은 집안에서 태어날 수도 있다.

업에 희망을 거는 대중적 불교에 비해서, 깨달음이 최고의 목표라고 하는 견해는 다소 고상한 것으로 보이기도 한다. 물론 불교의 궁극적 목표가 깨달음이라고들 해도 실제 불교도들 대다수의 삶을 볼 때, 사람들은 물질적인 것(예를 들어 사업 번창)이든 상징적인 것(예를 들어 명예)이든 간에 세간적 이익의 획득을 더 중시해 왔다. 이런 점에서 깨달음이라는 수사가 이러한 세속적 면을 가리는 편리한 구실로 사용되고 있기도 하다. 즉 만약 우리가 '인간적임에 그지없는' 사람들의 동기를 과소평가한다면 실생활에서의 불교에 대해 아무것도 이해할 수 없을 가능성이 있다. 많은 불교도들은 '구제에 도움이 되는' 여러 방편에 따라 삶을 산다. 깨달음이 점점 더 먼 미래에 일어날 수 있는 일이 되어 감에 따라 이러한 '방편'은 그 자체가 목표가 되는 경향마저 있다.

일반 불교신자들은 행복, 명예, 부와 같이 당장 눈앞에 보이는 이익, 당장 실현되지는 않을지라도 지인, 가족들의 극락왕생을 기원한다. 승려들도 물론 깨달음에 이르는 것이 최고의 목표이기는 하지만, 실제로는 대부분의 승가 단체들 역시도 세속과 별반 다를 바 없이 이생에서의 물질적인 번영이나 명예, 더 나은 내생을 추구한다. 또한 타심통他心通, 천리안 등과 같은 수많은 '초능력'도 추구 목록에 더한다. 이러한 '능력'을 가진 승려는 사람들에게 더 큰 존경을 받게 되며, 따라서 간접적일지라도 승단의 물질적 번영에 대단한 공헌을 하게 된다.

이러한 깨달음 이외의 목표가 깨달음에 대한 열망보다는 강하지 않지만, 이것을 승단의 본래적 이상에 대한 물질적 타락이라거나 정신적 쇠퇴라고 너무 성급하게 결론 내린다거나 이들을 비난해서는 안 될 것이다. 대신에 이러한 목표들이 장기적인 관점에서는 불교의 기반 확립을 위한 것이라는 점에서 일종의 불교적 방편으로 볼 필요도 있다. 사실 불교가 종단으로 처음 기반을 잡기 시작한 이후, 살아남기 위해 현실과 많은 타협을 해야만 했다. 『율장』을 통해 볼 때, 최초의 승단은 고상한 아라한들로 구성된 단체였다기보다는 오히려 범부들에 의해 구성되었던 것 같다. 비록 차츰 희미해지긴 했지만 이러한 초기 승단은 깨달음에 대한 열정을 불태우며 그 기초를 마련했고 그후 수세기 동안 번영해 갈 수 있었다.

또한 이러한 승단의 세속적 태도는 한편으로 신도들을 현재나 가까운 미래에 집중하도록 이끄는 것으로, 다가가기 힘든 이상에 대한 포기가 아니다. 그리고 많은 경우에 종교적인 이유들 또한 있다. 실제로 깨달음과 깨달음이 보장하는 분홍빛 미래에 너무 집중한 나머지 우리는 가장 중요한 현재와 우리의 인간적 조건을 간과할 위험이 있다. 예를 들어 대승불교 가운데 어느 종파는 깨달음 그 자체는 그들의 목표가 아니라고까지 말한다. 즉 그보다 더 중요한 것은 깨달음과 방편 사이에서 균형을 취하는 것이다. 결국 『유마경』에서 유마가 설파했듯이 방편 없는 지혜는 지혜 없는 방편과 다름없다. 방편 없는 지혜는 사문死文과 같다. 이것으로는 더 이상 다른 이들을 도울 수 없다. 그 반대 역시 마찬가지이다.

그렇다면 이 중요한 방편들이란 무엇인가? 무엇보다도 의례를 들 수 있겠다. 의례는 선불교처럼 의례를 강조하지 않았던 종파 안에서조차 역설적으로 발견되는 불교 수행의 형태이다. 선불교에서 의례는 기도, 독경, 절뿐 아니라, 일상생활에서 먹고, 마시고, 일하는 것까지를 모두 포함한다. 아마도 어쩌면 이러한 성과 속 영역 사이의 모호한 구별이 수많은 사람들이 추구한 목표였을지 모를 일이다. 마치 어느 선사가 "깨달았음을 알아채는 것은 꿈속에서의 깨달음이다"라고 말한 것처럼 말이다.

깨달음은 계속해서 '진정한' 불교의 목표로 내세워져 왔다. 반면 다른 신앙적 행위나 불교의 신들에 대한 기도와 같은 현세적 이익에 대한 고려는 그다지 진실되지 못한 불교의 형태로, 즉 지역 문화와 대중의 요구에 서툴게 영합한 결과로 간단히 치부해 버린다. 하지만, 동양에서 그렇게 오랜 기간 동안 신앙해 오면서도 결코 불교를 제대로 이해하지 못했다고 말하며, 수세기 동안의 굴절 이후 서구인들이야말로 붓다의 진정한 가르침을 이해했고 쉽게 설명할 수 있다고 하는 것은 아마 주제넘은 태도일 것이다. 이러한 억측은 서구의 불교도들(혹은 신불교Neo-Buddhism)이 여전히 오리엔탈리스트적 이데올로기 속에서 동양을 바라보고 있음을 드러낸다.

비록 지금은 전 세대가 그랬던 것처럼 아무런 증거도 없이 서양의 문화적 우월함을 주장하며, 불교를 낮추어 보는 것 따위의 태도는 더 이상 갖고 있지 않다. 하지만 서구는 여전히 불교를 이상화하며, 불교를 세속의 때가 묻지 않은 가르침으로 곡해하며, 그 가르침 중에서도 오직 깨달음에만 조명을 가하는 경향을 갖고 있는데, 이것은 근본적으로 불교를 잘못 보고 있는 것이다.

중국, 티베트, 일본의 왕들이 불교를 믿게 된 까닭은 깨달음에 대한 열망 때문에 아니라, 불교가 개인적·집단적(전염병, 전쟁 등등)인 모든 종류의 위험으로부터 자신들을 보호해 줄 수 있을 것이라는 기대 때문이었다. 동양에서 불교가 번영할 수 있었던 이유는 기본적으로 불교가 국가를 외부의 위협으로부터 보호할 수 있다고 하는 생각 때문인 것이다. 그래서 승려들의 활동 중 주요한 부분은 왕의 건강을 기원하고 백성들의 안위를 위해 기도를 올리는 것이었다.

그렇다면 왜들 그렇게 깨달음에 대해 야단법석을 떠는 것일까? 대체 우리는 어떠한 종류의 깨달음에 대해서 말하고 있는 것인가? 니르바나처럼 깨달음은 정의 내리기가 참 어렵다. 깨달음은 일종의 우리의 심오한 내재적 자아를 재발견하는 것인가, 아니면 반대로 그것이 존재하지 않음을 자각하는 것인가? 선불교에서는 모든 존재는 본질적으로 그 안에 불성을 갖고 있기 때문에 이미 깨달은 존재라고 한다. 어떠한 것도 이 완벽함을 더 고양시킬 수는 없을 것이다. 어느 선사는 말했다. "수행을 통해 깨달음을 이루고자 소원하는 것은 머리 위에 다시 머리를 얹는 것과 같다."

깨달음에 대한 견해들은 상당히 진전되어 갔다. 한 예를 들어 보자. 동아시아의 비구比丘, 비구니比丘尼들은 그들이 석가모니Śākyamuni(샤카족의 성자라는 뜻) 붓다의 아들과 딸이라는 것을 상징적으로나마 나타내고자 그들의 법명 앞에 '석'釋 자를 붙이기 시작했다. 승려들이 수계식을 받는다는 것은 의례적으로 석가모니의 혈통과 연을 맺게 되는 것을 의미한다. 그리고 비록 이것이 대부분 순전히 상징적인 결합이기는 해도, 그들의 수계첩에는 이 '혈통'이 기록된다. 이러한 측면에서 깨달음은 정신적 추구의 결과라기보다는 석가모니의 자손이 되는 것으로 이는 다른 이에게 양도될 수 없는 순수한 전승이 된다. 동아시아 승단에서는 구성원들 사이에서 서로를 가족적 호칭으로 부르기도 했다. 이러한 맥락에서, 깨달았음을 인정해 주는 것은 승려들의 수행에 의해서가 아니라 수계를 통한 혈연맺기에 의해서인 듯하다.

7_불교는 모든 것이 무상하다고 가르친다?

다르마란 붓다가 발견한 보편적인 도덕적 규칙으로, 사성제로 요약할 수 있다. —마하테라Mahathera, 『불교의 실재』 *Présence du Bouddhisme*

일반적으로 불교적 가르침의 핵심이 무엇이냐는 질문에 대해 그것을 붓다가 베나레스Benares에서 처음으로 설법했다고 전하는 사성제로 이해하는 경향이 있다. 불교가 고행주의에 기반한 일종의 스토아학파적 지식이라고 주장하는 사람들은 바로 이 사성제를 그 이유로 내세운다.

그러면 사성제는 무엇인가? 그 첫번째 진리는 고苦에 대한 것으로 그것은 다음과 같이 설명할 수 있다. 태어남이 고이며, 늙는 것이 고이며, 병드는 것이 고이며, 죽는 것이 고이다. 사랑하지 않는 사람과 같이해야 하는 것이 고이며, 사랑하는 사람과 헤어져야 하는 것 또한 고이다. 구하나 얻지 못하는 것이 고이며, 다섯 가지 집착의 대상, 즉 오온五蘊[1]이 고이다.

두번째 진리는 고통의 원인에 대해서 가르친다. 고통의 원인인 갈망은 이생에서 다음 생으로 우리를 이끌며 쾌락과 욕망을 동반한다. 이 갈망은 존재하지 않고자 하는 것에 대한 갈망뿐만 아니라 쾌락에 대한 갈망과 존재에 대한 갈망이다.

세번째 진리는 완전한 욕망의 해체를 통해 고통을 멸할 것에 대해 가르친다. 모든 욕망과 고통이 사라진 것을 니르바나라고 한다.

네번째 진리는 이러한 고통을 끊기 위한 방법으로 팔정도八正道[2]를 가르친다. 팔정도는 불교적 수행 체계 혹은 '수행의 교리'를 구성한다. 팔정도의 요체는 붓다가 중도로써 정의 내렸는데, 중도란 감각적 쾌락과 고행과 같은 두 가지의 극단을 피하는 것이다. 그 여덟 가지 길은 계戒·정定·혜慧로 향하는 길이기도 하다.

요약하자면 삶과 행복에 대한 욕망은 모든 것은 무상하며 그러한 것은 고통의 근원이라고 하는 생각과 충돌을 일으킨다. 이 욕망은 무지에서 비롯하는 것으로 이는 물질적이고 자주적인 자아에 대한 비실재적인 인식이다. 욕망 때문에 우리는 인과응보의 규칙에 지배를 받는 행위를 계속하며, 이는 우리를 끊임없이 생사 윤회의 바퀴 속으로 끌어들인다. 이 고통스러운 굴레 속에서 벗어나기 위한 유일한 길은 욕망의 뿌리를 제거해버리는 것이다. 그렇게 하기 위해서 긴 정화의 과정이 필요하다. 욕망의

---

1) 불교에서는 인간 존재의 진정한 모습을 오온이라고 보았다. '온'은 산스크리트어 Skandha를 번역한 것으로 여러 인연이 모여 쌓인 것을 의미한다. 오온에는 색(色)·수(受)·상(想)·행(行)·식(識)이 있다. 여기에서 색은 감각적이고 물질적인 부분, 수는 외부 대상을 의식 속에 받아들이는 작용, 상은 지각이나 표상 작용, 행은 능동성 혹은 잠재적 형성력, 식은 대상을 구별하고 인식하는 작용이다. 오온을 통해 불교에서 말하고자 하는 것은 '나'라고 할 만한 것이 없다는 것이며, 우리가 자아라고 하는 것은 단일 실체가 아니라, 색·수·상·행·식의 화합물이라는 것이다. 궁극적으로 불교는 이 오온으로서의 자아를 떠날 것을 말한다.
2) 초기 불교의 가르침에서 팔정도는 사성제와 더불어 중요한 교리이다. 팔정도는 고의 소멸로 이끄는 실천의 길로 여기에는 다음과 같은 8가지 갈래의 길이 있다. ①정견(正見): 바른 견해, ②정사(正思, 正思惟): 바른 사유, ③정어(正語): 바른 말, ④정업(正業): 바른 행동, ⑤정명(正命): 바른 생활, ⑥정근(正勤, 正精進): 바른 노력, ⑦정념(正念): 바른 새김, ⑧정정(正定): 바른 수행.

불을 완전히 소멸시킨 상태를 획득하는 것이 필요한데 이것이 바로 니르바나이다.

후대에서의 현실주의적 관점, 특히 심리학적이고 도덕적인 측면에서 발전해 갔던 복잡한 불교의 교학 체계 속에서 사성제는 아마도 굉장히 단순한 가르침 정도로 여겨졌던 듯하다. 또 하나 여기서 살펴보아야 할 가르침으로 '업'이라는 개념이 있는데, 불교에서는 우리가 살고 있는 세상, 우리의 환경, 그리고 우리 자신 또한 우리의 과거 행동인 업에 의해 결정되어 있다고 보았다. 우리의 과거, 현재, 미래 생 사이에는 인과의 고리가 존재한다. 이것이 십이연기十二緣起라고 하는 것으로, 그 근원은 무명無明에서 시작한다. 이 무명에서부터 계속해서 행行·식識·명색名色[혹은 인격]·육처六處·촉觸·수受·애愛[특히 성적 욕망]·취取·유有·생生[혹은 윤회]·노사老死가 이어진다. 이 십이연기는 또 세 가지 존재 상태에서의 오온의 전개 방식을 설명하는 것이기도 하다. 위의 항목 중에서 처음의 둘은 과거세를 설명하며 그 다음의 일곱은 현재세를 말하는 것이고, 마지막 셋은 미래세를 의미한다. 이 십이연기는 반대 방향으로 관찰, 즉 역관逆觀도 가능하다. 비록 위에서 나열한 순서가 일반적인 존재의 순서를 나타내지만, 거꾸로 관찰한다는 것은 존재의 근원으로 거슬러 감을 보여 주는 것으로, 이것은 존재의 원인으로 다시 돌아옴을 통해서 최종적 결과를 억누르고 이 모든 과정을 종식시키는 의미를 갖는다. 이렇게 본질적으로 철학적 성격을 갖는 '십이연기'의 도식은 더 넓은 의미에서 우주적이고 신화적인 본성을 수반하기도 한다. 이는 이번 생 다음에 우리를 기다리고 있는 여섯 갈래의 존재 상태, 즉 육계六界를 말하는 것으로 지옥도地獄道·아귀도餓鬼道·축생도畜生道·아수라도阿修羅道·인간도人間道·천상도天上道가 그것이다(그림 8 참

그림 8. 육계

윤회의 여섯 가지 갈래를 나타내고 있다. 이러한 육도윤회의 그림 형태는 특히 티베트 불화에서 자주 볼 수 있는데, 브하바차크라(Bhavacakra)라고 한다.

조). 이생 이후 인간은 지옥·축생·천상도에서 태어나게 되며, 오직 인간 세에서만 생사 윤회의 고리를 끊을 수 있다. 다시 말해 오직 인간이라는 존재의 형태에서만 개개인의 업을 바꿀 가능성이 있다. 다른 존재의 형태들은 과거 자신들이 지은 업의 결과에 종속된다. 후에 이 육도라는 개념은 동아시아불교사에 지대한 영향을 끼쳤는데, 이로 인해 사람들은 지옥과 극락이라고 하는 다음의 생에 대해 신화적인 서술을 시작하게 되었다.

사성제가 비록 붓다가 설한 것이 아니라고 할지라도 이것이 불교의 가장 초기 형태의 철학을 요약하고 있다는 점은 부정할 수 없는 사실이다. 그리고 실제로 사성제는 불교의 두 가지 주요 형태——대승불교, 소승불교의 순서로 끊임없이 중요한 역할을 맡아 왔다. 그럼에도 불구하고 대승불교의 다양한 학파들은 사성제의 가르침을 발전시켜 나갔는데, 그 가운데 우리에게 가장 잘 알려진 것이 반야바라밀이다. 대승불교의 전통 가운데 반야부 전통은 모든 것은 공空이고 그 자성自性은 없다고 본다. 이러한 공의 이해 속에서 고 역시 그 자성이 존재하지 않으며 따라서 그것을 없애야 할 이유는 더욱 당연해진다.

『반야심경』에서는 사성제에 대해 다른 견해를 제시하고 있다. 모든 것은 공이기 때문에 무명도 공이고 무명의 소멸도 공이다. 늙음도 죽음도 공이며, 늙음의 소멸도 죽음의 소멸도 공이다. 공의 관점에서 요약해서 말하자면 사성제는 더 이상 유효하지 않다. 고통도 공이며, 고통의 원인도 공이며, 고통의 소멸도 공이고, 고통을 소멸하는 길도 공이다.

대승이 좀더 우월한 진리를 포함한다는 입장에서 이 경전이 문제시하는 지점은 소승불교에서의 목표이다. 여기에 대해 나가르주나는 인과응보, 윤회, 고, 해탈의 본성을 증명했으며 사성제가 고귀한 진리라기보다는 변증법적 방법을 통해 초월해야만 할 충분치 못한 반쪽의 진리라고 설명했다.

그러나 세속제가 승의제에 도달하기 위해서 거쳐야 할 필수불가결한 것이듯 사성제로의 접근 역시 필수불가결하다고 할 수 있다. 왜냐하면 나가르주나가 설명하듯이 "공을 잘못 이해할 경우, 마치 심약한 이가 손에 뱀을 쥐거나 엉터리 마술을 시도하는 것과 마찬가지로 자칫하면 공은 근기가 둔한 사람을 파멸에 이르게 할 수도 있기 때문이다."

이처럼 대승불교에서는 급진적인 관점의 변화가 있었다. 대승불교에서 궁극적인 목표는 더 이상 니르바나가 아니다. 니르바나는 이제 부정적이고 개인주의적인 가르침으로 인식된다. 대신에 궁극적 목표란 깨달음이다. 이 깨달음 때문에 보살은 세상에 남아서 모든 중생들을 자비심으로 제도하는 동시에 세상을 초월할 수도 있다.

모든 중생은 불성을 갖고 있으므로 이러한 깨달음은 누구에게나 가능하다. 여기에서 모든 존재는 본질적으로 완벽하고 청정하며 따라서 정화는 불필요하며, 심지어 해가 될 수도 있다고 하는 '본각'本覺이라는 개념이 등장하게 된다. 실제 정화란 미망에 효과적인 해결책으로 고통의 해결에 도움이 되지만, 여기서 가장 중요한 것은 이 미망을 한번에 없애는 것이다.

미망은 이원적 사고의 결과이다. 거꾸로 말해, 대승불교의 불이적不二的 사고는 삼사라와 니르바나, 욕망과 깨달음 사이의 어떠한 이분법도 거부한다. 소승불교에서는 니르바나를 삼사라의 반대로 보지만, 대승불교에서는 니르바나가 바로 삼사라이다. 대승불교의 견해에 따르면 이 세계는 표면적으로는 '눈물의 계곡'이다. 그러나 실제로는 완벽한 깨달음의 세계이기도 하다. 이와 유사하게 불이적 관점에서는 수행자와 깨달은 자 사이에 더 이상 어떠한 차이도 없다. 모든 중생은 그들의 행위와 능력 면에서 이미 부처이다.

이러한 인식은 일상생활의 실재를 긍정하기는 하는 것으로, 초기 불교의 특색이었던 세상에 대한 부정과는 대조가 된다. 불교 도상을 생각해 볼 때, 앙상하고 수척한 인도의 붓다와 희색이 만연한 중국의 퉁퉁한 미륵

그림 9. 인도와 중국의 서로 다른 붓다의 모습
석가모니의 고행 모습으로 간다라 지역에서 출토된 것으로 기원후 3세기 작품(왼쪽).
10세기 후량(後梁)의 포대화상(布袋和尚)의 초상. 그는 미륵보살의 화현으로 알려져 있다(오른쪽).

부처상은 바로 이러한 인식의 극명한 대조를 보여 준다(그림 9 참조). 하지만 이 이미지들이 소승과 대승이 바라보는 인간과 세상에 대한 인식에 큰 변화가 있었음을 보여 주는 것도 사실이지만, 이러한 대조는 수행에 있어서는 또 그렇게 크지는 않았던 듯하다.

밀교는 한 단계 더 나아갔다. 밀교는 인도 요가의 영향을 깊게 받았는데 이에 따라 인간의 몸을 성스러운 것으로 보며 인간의 욕망에 대해 새롭게 평가하기 시작했다. 이 전통에 따르면 사람들은 다른 모든 것들과 마찬가지로 신성한 원리를 발산하는데, 이것이 바로 우주적 붓다로 우리는 이 원리로 충분히 돌아갈 수 있다. 우리의 외부는 더 이상 어떠한 희생을 치르고서라도 버려야 할 미망의 세계로 간주되는 것이 아니라, 반대로 깨달음이 현실화한 세계로, 살아 숨쉬고 있는 우리 모두는 마치 환희의 강에서 목욕을 즐기는 존재이다. 밀교 이전의 불교 전통에서는 현상 세계란 미망과 고통으로 가득한 세계이며, 인간은 미망으로 가득한 이 세계를 진실이라 믿으며 끊임없는 고통에 사로잡힌 존재라고 보았었다. 하지만, 밀교 전통에 오면서는 이해 방식을 완전히 바꾸어서, 인간은 이생에서 바로 깨달음을 얻을 수 있으며, 고통은 궁극적으로 자성이 없는 것으로 존재론적 근거를 잃어버리는 개념으로 전환된다. 이러한 생각은 초기 불교의 고행주의와 사성제와는 굉장히 거리가 있는 것이었다. 밀교가 비록 새로운 이해 방식을 가져오긴 했지만 불교 초기의 가르침들은 오도된 의무감 때문인지, 계속해서 후대 전통에서 언급되며 지대한 영향을 미치고 있다.

8_업에 대한 믿음은 숙명론에 이르게 한다?

일상적 경험을 통해 우리는 전통이라는 이름하에 분류된 사실들과 친숙해진다.……인도의 철학자들은 그 특성을 문제 삼았고, 그것을 '카르마'라고 정의했다. 이 카르마는 윤회의 고리 속에서 이생으로부터 다음 생으로 계속해서 굴러간다. —올더스 헉슬리

이 '카르마'karma라는 용어는 서구권에서 일반적인 어휘로 편입된 몇 안 되는 산스크리트 단어 가운데 하나이다. 예를 들어서 『프티 로베르』*Le Petit Robert*[1] 사전에 의하면, 이 단어는 행위를 의미하며 "모든 행위와 의도가 모든 살아 있는 존재들의 운명을 결정한다고 하는 힌두교의 중심적 교리(일종의 숙명론)"를 의미한다. 불교는 힌두교의 주요 개념들을 흡수했으며, 오랜 세월에 걸쳐 그 개념은 조금씩 바뀌어져 갔다.

---

1) 총 8권짜리 사전인 *Dictionnaire alphabétique et analogique de la langue française*를 한 권으로 압축한 대중적 불어사전으로 폴 로베르(Paul Robert)가 1967년에 간행했다.

불교적 카르마, 즉 업業이란 행위의 인과응보를 말한다. 모든 행위는 결과를 야기하는 것으로 본다. 즉 결과는 원인으로부터 역행할 수 없다. 여기서는 의도가 행위를 결정한다. 우리 자신이 스스로의 행위에 책임이 있으며, 각 현재의 행위는 그 자체가 오랜 기간에 걸친 과거의 행위에 의해 결정된 것이다. 이것들이 카르마의 개념이 숙명론과 닮았다고 하는 오해를 사게 하는 것이다. 그러나 행위는 결코 전적으로 결정된 것이 아니다. 거기에는 항상 자유의지적 요소가 관련된다. 개개인은 항상 선하거나 악한 결과를 낳는 선택의 기로에 놓인다. 어떠한 것도 완전하게 결정된 것은 없다.

초기 불교경전에서 업보란 불가피한 것, 그리고 굉장히 개인화된 것으로 그려진다. 개개인은 늘 행위들을 대면하며, 그가 어떤 행위를 하든 간에, 그 결과에서 벗어날 수 없다. 특히 업은 윤회의 조건을 설명한다. 어떤 이의 행위의 중요도는 개개인의 운명을 구성하며, 육도 가운데 어디에서 태어날 것인지에 영향을 끼친다.

『상윳타 니카야』*Samyutta-nikāya*[2]에서 붓다는 "어머니나 누이의 죽음, 아버지, 아들, 딸, 친척의 죽음, 소유물의 상실, 이 모든 것을 오랜 시간에 걸쳐 경험해 왔다. 삼사라는 시작도 끝도 없다……그래서 오랜 세월 동안 고통과 불운을 겪었으며, 그들을 땅에 묻었다. 존재에 대해 신물이 나기엔

---

2) 상좌부와 대중부로의 근본 분열 이후, 불교 교단은 기원전 1세기에 이르면 총 20분파가 형성되는데 이를 부파불교라고 한다. 이들은 삼장(三藏)이라고 하는 붓다의 가르침을 기록한 경(經, sūtra), 규범을 담고 있는 율(律, vinaya), 교학적 연구인 논(論, abhidharma)을 각기 전했는데, 거의 다 소실되고 현재는 상좌부 계통의 설일체유부의 삼장과 남방 상좌부의 삼장이 부분적으로 전해진다. 이 남방 상좌부의 삼장은 팔리어로 전하며 이를 '팔리 5부'(팔리 5 니카야)라고 한다. 이 다섯 가지 니카야에는 디가(Digha), 맛지마(Majjima), 상윳타(Samyntta), 앙굿타라(Aguttara), 쿠다카(Khuddaka)가 있다.

충분히 긴 시간이며, 이 모든 것들에서 벗어나기를 원하기에 또한 충분히 긴 시간이다"라고 설명했다.

업의 원리는 명확하다. 인간은 마치 수천 마리의 소떼 가운데에서 송아지가 자신의 어미를 제꺼덕 찾는 것처럼 인간은 재깍재깍 자신의 행위에 발목을 잡힌다. 그러나 업의 작동 원리는 다소 복잡하다. 일견 같아 보이는 업이라고 해도 어떤 이는 파멸로 이끌고 또 어떤 이는 성공을 한다는 점에서, 업은 일종의 숙명론과 관련된 듯이 보이기도 한다. 그러나 체계상의 구조를 볼 때, 업의 높낮이는 항상 유지되며, 인간이 이 체계의 중심에 있다고 보기에, 인간으로 다시 태어날 것을 보장한다. 고통을 받음으로써 결국에는 인간은 악의 과보를 없애 버리지만, 과보로 지나치게 받은 기쁨은 또한 거꾸로 인간을 다시 악의 유혹에 굴복하게 한다.

존재하는 것들은 한 존재에서 다른 존재로 옮겨 간다. 존재의 조건은 각자 행위의 공덕에 따라 결정되며, 불교에서는 브라만교와는 달리 희생제의나 의례를 통해서 이 방향이 바뀌는 것은 아니다. 초기 불교는 행위의 도덕적 가치에 초점을 맞추며 의례주의와 신에 대한 숭배를 반대했다. 개개인은 자신의 행위에 대한 책임이 있으며, 다른 이들을 돕기 위해서 할 수 있는 것은 아무것도 없다. 이 엄격한 관념은 공덕을 회향한다는 개념의 출현으로 인해 근본적인 수정이 가해진다. 회향이라는 개념은 대승불교의 굉장히 중요한 특징으로 자리매김하게 된다. 대승불교 전통에서는 공덕을 쌓은 자는, 자신보다 더 필요할지도 모르는 다른 이들과 자신이 쌓은 공덕을 나눌 수 있다. 이러한 생각은 타인을 위해 자신의 깨달음을 미룬다고 하는 보살에 대해서 그 믿음을 갖는 데 큰 역할을 한다.

이러한 업의 체계에서 해탈이라는 가장 중요한 개념은 과보의 논리

바깥에 있는 것이다. 해탈은 공덕 자체만을 통해서는 얻을 수 없다. 해탈은 종교적이거나 세속적인 행위 모두를 포함한 모든 것에서 근본적으로 떠나는 것이다. 이러한 관점에 따르면 삼사라나 니르바나나, 즉 생사나 불멸 모두가 다 그저 헛된 개념이 된다. 이러한 승의제勝義諦의 관점은 전체 대승불교 교리의 핵심으로 특히 『반야심경』에 잘 요약되어 있다.

영혼이나 자아의 부재에 관련한 불교의 교리는 윤회를 역설적인 어떠한 것으로 만든다. 만일 자아가 단지 죽음으로 사라질 식識의 허망한 연속적 상태라고 한다면 윤회를 하는 주체는 과연 누구인가? 만약 이 자아가 그 보답을 받지 못한다면 수행을 하고 공덕을 쌓는 이유는 무엇인가? 분명하게도 자아에 대한 이러한 견해는 업의 개념과는 상치된다. 이 논리적 결함을 상쇄하기 위해, 두 가지 존재 형태를 이어 주는 '중유中有'라고 하는 개념이 발전했다. 그러나 이에 대한 정통적인 대답은 '행위는 있으나, 행위자나 행위의 주체는 없으며, 그 배후에는 어떠한 영속적인 실체도 없다'는 것이다.

불교가 제시하는 내세에 대한 관념은 불교 포교에 큰 공헌을 하였다. 초기 불교에서 행위의 과보는 윤회를 결정할 뿐만 아니라 개인의 일생 동안에 영향을 끼칠 수 있는 반자동적 작용이었다. 따라서 이 이론은 불교 교리의 발전 속에서 크게 탈바꿈을 하게 되었는데, 이 바뀐 견해에 따르면 인간은 일생 동안 그들의 노력과 행위를 통해서 자신들의 운명을 바꿀 수 있다는 것이다. 개개인은 행위의 과보에 대해 완전히 책임이 없어졌지만, 과보는 그럼에도 윤회에 있어 주요한 요소 가운데 하나로 남게 되었다. 대승불교에서는 어떤 이가 공덕을 쌓아서 다른 죽은 이들을 위해 이것을 회향하는 것도 가능하다. 따라서 다른 이에게 공덕을 쉽게 회향할 수 있게 공덕을 대량으로 생산할 수 있는 의례들이 점점 중요하게 되었다. 장례 의식이 바로 이러한 경우로, 의식을 통해서 죽은 이가 일생 동안 다 쌓을 수 없었던 공덕을 여기서 많이 쌓게 하여, 그 죽은 이가 해탈을 이루거나 혹은 내세에 더 나은 다음 생을 받기를 보장하는 것이었다.

티베트불교에서는 죽은 이는 다음 생을 받기 전 얼마 동안 중유의 세계인 바르도bardo를 떠돈다고 믿는다.『티베트 사자의 서』*Tibetan Book of the Dead*에서는 죽음을 앞둔 이를 위해 앞으로 펼쳐질 여정, 또 그 과정상에서 이들이 마주하게 될 위험과 유혹에 대해서 설명하고 있다. 이는 죽은 이가 가능한 최상의 윤회의 길로 들어서게 하기 위한 것이다. 중국인들은 지옥에 시왕十王이라고 하는 열 명의 왕이 있다고 생각했다. 특히 시왕 가운데 염라대왕은 죽은 이들이 다시 태어나기 전 그들이 과거에 지은 행위에 대해 재판을 내리는 존재로 여겨졌다. 이 단계에서 후손들은 죽은 이를 위해 의식을 잘 치러 주는 것이 중요하다. 왜냐하면 후손들의 노력 여하에 따라 사자가 염라대왕의 심판을 통과하느냐 마느냐도 결정될 수 있기 때문이다. 49재라고 하는 이러한 의식을 통해 7주간 두 세계 사이를 떠돌던 망자는 내생에 다시 좋은 곳에 태어날 수 있게 된다(그림 10 참조).

대승불교에서는 지금 생에서도 수많은 공덕을 쌓은 보살의 도움을 통해서 구제를 받을 수 있다고 생각했다. 관음보살과 지장보살이 특히 영험하다고 믿었다. 아미타불과 같은 부처 역시 중생을 구제하는 존재들인데, 아미타불은 그의 이름을 염하는 모든 존재들을 구제하겠다는 서원을 세운 부처이다. 마지막으로 어떤 불교 학파에서는 때로 업이 의식 혹은 좌선과 같은 특정한 수행에 의해 경감될 수 있다고 보았다. 예를 들어 선불교에서는 악귀가 선사의 가르침에 감화되어 갑자기 공의 진리를 증득하

게 되고, 따라서 자신의 나쁜 업에서
벗어나게 된다는 등의 이야기를 종종
볼 수 있다.

인도불교에서는 해탈을 수많은
윤회의 종착 지점으로 보았다. 윤회를
하는 동안에 공덕을 많이 쌓아서 일단
인간의 몸을 받아야 하며 그런 다음
에는 인간세에서 불도를 닦아 해탈이
라는 목표를 이루는 것으로 이해했다.
한편 깨달음 혹은 해탈이란 이생에
서도 가능하며 모든 이는 '바로 이 몸
으로 부처가 될 수 있다'卽身成佛고 보는
전통도 중국과 일본불교에 있었다.

공의 개념과 함께 대승불교 전통
에서는 과보 역시 공이며, 실재가 아
니라는 생각이 발전해 나갔다. 즉, 업

그림 10. 시왕의 다섯번째 왕 염라대왕
사람이 죽으면, 망자가 삼악도(지옥도·아귀도·축생
도)에 떨어지는 것을 막기 위해 7일에 한 번씩 7번의
재를 올리게 되는데, 이때 마지막 49일에 올리는 것
을 49재라고 한다. 49일은 망자가 염라대왕에게 심
판을 받게 되는 날로, 여기서 망자가 지옥으로 갈지,
극락으로 갈지가 결정되었다.

역시 공이라는 것이다. 모든 번뇌를 제거하기 위해 필요한 것은 사물의 본
래 자성인 무자성無自性을 깨닫는 것이다. 절대적 경지에서 보았을 때, 업
또한 공이나 여기서 문제는 사람들이 살고 있는 이 세계 속에서 업은 실
재한다는 것이다. 불교는 또한 이 공이라고 하는 생각이 가져다줄 수 있는
위험성과 일탈에 대해 우리에게 경고를 해준다. 일부 수행자들은 이른바
선과 악을 초월한 수행이라는 이름하에 전통적 도덕의 위반을 합리화했
고 따라서 비난의 대상이 되었다.

근대에 들어서 불교는 사회적 차별 혹은 경제적 부진을 조장한다는 비판을 받기도 했다. 여기에서 업이라는 개념은 사회적으로 부작용을 가져올 여지가 충분히 있다. 예를 들어 일본에서는 '에타'穢多('불결하다'는 의미)라고 하며 지금은 '부라쿠민'部落民이라고 더 잘 알려진 소규모 촌락인 집단에 대한 사회적 차별을 합리화하는 논리로 업의 개념이 이용되었다. 그러나 또 한편으로 업에 대한 관념은 사회의 도덕화에 큰 공헌을 했으며, 개개인들의 사회적 신분 상승에 자극제가 되기도 했다. 업이야말로 모든 것을 이끄는 것으로, 그 업을 종식시킬 수만 있기만 한다면 심지어 깨달음까지도 업이 이끄는 것이다.

9_불교는 자아의 존재를 부정한다?

불교는 영혼, 자아, 혹은 아트만과 같은 존재를 부정하기에 인류 지성사에서 독특한 지위를 차지한다. ─월폴라 라훌라Walpola Rahula, 『붓다의 가르침과 팔정도』What the Buddha Taught

모든 부처들은 아공我空의 가르침뿐 아니라 아我에 대해서도 설한다. 또한 아도 아공도 실제는 모두 공이라고 가르친다. ─나가르주나

불교 교리에서 자아 혹은 아트만ātman에 대한 부정은 가장 기본이 되는 것이나 어떤 경우에는 이것이 고민거리이기도 하다. 왜냐하면 불교는 개인적인 구제에 바탕을 둔 종교라고 주장하는데, 자아를 부정하는 입장은 역설적으로 보이기 때문이다. 이에 대해 프레데리크 르누아르Frédéric Lenoir는 불교에 대해 다룬 『르 누벨 옵세르바퇴르』Le Nouvel Observateur지의 특별호에서 "불교신자들은 대개 불교가 개개인의 잠재력을 함양하는 데 도움이 된다고 본다. 그러나 이는 굉장히 서구적 사고방식에서 기인한 생각에 불과하다"라고 언급한 바 있다.

불교의 교리 가운데에서 무아無我, anātman는 우리가 갖고 있는 일반적 상식을 거스르는 것처럼 보이는데, 실제로 이는 후에 큰 논쟁거리를 불러왔다. 대부분의 주석가들은 이 교리야말로 다른 종교에 비해 불교만이 갖고 있는 특징적 개념이라고 생각했다. 그러므로 교리사적 맥락에서뿐만 아니라, 원래적 의미 속에 이 무아의 문제를 다시 한번 짚어 봄으로써, 이 교리의 중요성과 반향을 생각해 볼 필요가 있다.

불교 교학 전통에 따르면, 자아는 순전히 심리적·정신적 활동의 결과물로 궁극적으로는 실제로 존재하지 않는 일종의 '정신적 구성물'일 뿐이다. 깨달음은 이러한 자아의 허망한 성질을 알아차리는 것을 의미한다. 자아가 무엇인지에 대한 물음에 대해 기원전 2세기경, 비구 나가세나Nāgasena는 다음과 같이 유명한 답을 했다. "그것은 마치 나무 조각들이 합쳐져서 우리가 말하는 수레가 되는 것과 같습니다. 이러한 방식으로 다섯 가지의 물질적·정신적인 요소가 현전할 때, 우리는 이것을 '자아'라고 말합니다."[1] 이 다섯 가지 요소의 모음, 즉 오온은 무상한 것이며 따라서 자아 역시 무상한 것이다.

프랑스 철학자 블레즈 파스칼Blaise Pascal은 자아는 혐오스러운 것이라고 말했다. 그는 또 어느 특정한 몸의 부분에 자아를 위치시키는 것이 불가능함을 증명했는데, 불교도들의 생각과 맞닿는 점이 있다. 최근 발전하고 있는 신경과학의 관점에서 보자면, 자아란 신경학적 구조나 정신적

---

1) 인도-그리스왕국의 왕인 밀란다가 불교에 대한 여러 가지 형이상학적 질문을 제기하자 비구 나가세나가 여기에 대해 대답한 것 중 한 부분이다. 이 문답을 모은 것을 『미란타왕문경』(彌蘭陀王問經) 혹은 『밀란다팡하』(Milindapñha) 경이라고 하며 팔리 불전 중 하나인 『쿠다카 니카야』(Khuddaka Nikaya)에 포함되어 있다.

구조물의 결과에 지나지 않을 뿐이다. 뇌의 종양이나 세포의 변형은 우리가 생각하는 자아에 지대한 영향을 끼친다. 이와 유사하게 잠재의식에 관한 정신분석학적 연구는 데카르트적 이해로 독립적이고 이성적인 자아가 있다는 이전의 생각을 단번에 날려 버리는 결과들을 내놓았다. 이러한 관점에서 볼 때 불교심리학은 근대적 사유와 양립하는 것처럼 보인다. 그러나 개인주의적인 서구사회에서 자아를 부정한다는 것의 의미는 붓다가 살던 고대의 인도사회와는 그 맥락이 다르며, 게다가 이 생각은 당시 인도사회에서 표준이 아니라 예외에 속했던 사고였다.

인도에서의 원래적 맥락으로 돌아가서 보자면, 불교에서 말하는 무아란 힌두교에서 말하는 각 존재 안에 내재한 아트만 혹은 자아에 반대되는 개념이다. 이것은 아마도 기존의 지배적 종교를 뛰어넘고자 하는 일종의 새로운 시도였다. 그러나 실제로는 힌두교의 아트만은 절대성을 담지한 것, 혹은 개개인 안에 있는 우주적 원리인 브라흐만Brahman을 의미하며, 이것은 불교에서 부정하는 인격적인 아트만과는 다르다. 생명이 있는 존재는 소멸하지만 그 안에 내재하는 신성한 어떠함은 절대로 죽지 않는다. 대신에 이것은 그 근원으로 돌아가기까지 생과 생 사이를 윤회한다.

만약 개인 혹은 자아가 존재하지 않는데, 어떻게 우리는 불교가 개인의 구제를 설하는 종교라고 말할 수 있는가? 그리고 보살들은 자신과 다른 이들은 차이가 없다고 하며 이분법적 논리에 따라 남과 나를 구별할 것을 거부하면서, 또 동시에 어떻게 자신을 구제하기 전에 다른 이들을 구제하겠다고 서원할 수 있는가?

따라서 이 문제에 대한 불교적 입장은 무아의 가르침이 내포하는 그것보다 훨씬 더 복잡하다. 게다가 만일 불교적 도덕 관념으로 인과응보의 체계가 유지된다고 본다면, 자아에 대한 개념은 실재적 요소를 근소하게라도 담고 있어야 한다. 예를 들어 만일 냄비가 깨져서 변상을 해야 하는데, 변상할 자가 없다면 우리는 누구에게 "애당초 깨지를 말지" 하고 면박을 줄 수 있겠는가? 따라서 개인과 '자아'에 대한 개념은 비록 이론적으로 볼 때, 승의제적 관점에서는 부정될지라도 세속제의 측면에서는 부정될 수 없다. 다시 말해 아무리 무아를 머릿속으로는 이해할지라도, 신앙이나 일상생활 속에서는 무아라는 것이 그다지 사실로 다가오지는 않는다. 초기 불교는 윤리적 책임의 문제를 강조하며, 개인성이라는 것에 대해 긍정적으로 여기는 경향이 있었다. 여기서 책임이란 개개인이 자신의 행위에 대해 책임을 지는 것을 말한다. 자아는 합법적인 허구로 사회생활을 수행하기 위해서는 필요한 허구이다. 전체적으로 볼 때, 참회와 고백에 기반한 불교의 수행 방식은 자신에게 책임을 돌리는 하나의 방법으로, 개인성을 강조하는 것으로 볼 수 있다. 이 방법은 실제 무아의 논리를 부정하는 것처럼 보이기도 하지만, 또 한편 무아의 논리란 모든 개인적 책임을 부정하는 것으로 이것은 종교적 성취, 해탈까지도 포함한다. 여기서 우리는 대승불교의 역설을 만나게 되는데, 한마디로 길은 있으나 그 길을 따르는 자는 없다는 것이다.

실체적 혹은 영원한 자아는 없으며 우리는 오온의 가합^{假合}이라는 점은 우리의 일상적인 인식 너머에 있는 것으로, 이 다섯 요소들 밖에는 또 어떤 것이 있지 않을까 하는 의문을 품게 된다. 이 점이 바로 불교도들이 종종 불교는 좁은 자아의 문제에 관심을 갖는 것이 아니라 더 큰 실재인 불성이라고 하는 진정한 자아를 찾아 가는 과정이라 하는 까닭이다. 여기에 대해 대승불교의 여러 학파들은 노력과 관심을 기울였고 그 결과 '아뢰야식'阿賴耶識'과 '무구식'無垢識[2]'이라는 개념이 등장하는데, 이 개념들은 후에 브라만교의 아트만과 유사한 개념으로의 회귀가 아니냐는 비판을 받기도 한다. 그러나 여기서 놓치지 말아야 할 점은 논의의 대상이 되고 있는 자아란 더 이상 그 얕은 의미의 자아가 아니라 진정한 자아이며, 비유를 하자면 오랜 꿈에서 마침내 깨어난, 깨달은 자의 자아라는 점이다.

대다수의 학자들은 불교에서 정통적 교리로 자리매김해 온 무아에 대해 강조를 하는데, 이는 불교가 갖고 있는 엘리트주의적 혹은 더 나아가서 이데올로기적 시각을 드러내는 것이기도 하다. 사실 불교를 믿는 대다수의 보통 불교도들은 자신이 이 세상에 존재함을 믿으며, 그들의 불교에 대한 신심은 바로 이 믿음에 기초하는 것임이 분명하다. 소위 불교 '정통적 입장' 혹은 승단에서 말하는 무아의 개념은 불교 전통의 복잡한 전개 양상과 주체의 문제들에 대한 불교 내부의 다양한 반응들을 모두 고려한 것은 아니다.

---

2) 대승불교의 한 학파인 유식학파(唯識學派)는 요가 수행자들에 의해 형성된 학파이다. 이들은 수행을 통해 마음의 심층 활동을 관찰했고, 일상의 표층 의식에 명료하게 인식되지는 않지만, 현상을 구성해 내는 마음의 활동주체로 아뢰야식을 발견했다. 아뢰야식은 현상세계를 포괄하는 마음 자체로, 아뢰야식의 관점에서 보면 나와 현상세계는 불가분의 관계이다. 즉, 오직 하나의 마음인 아뢰야식만이 존재한다. 현장 이후『해심밀경』(解心密經)과 같은 유식경전에서는 이 아뢰야식보다 한 단계 더 나아간 식이 있다고 보았는데 이것이 무구식이다. 이것은 아뢰야식이 미망을 버림으로써 청정한 상태에 이른 식이라고 보았는데, 따라서 무명이 없어진 깨끗한 식, 무구식이라고 한다.

10 _ 불교는 환생을 가르친다?

모든 정황으로 볼 때, 당신의 아들 제시가 바로 도르제 라마의 환생입니다.
— 고든 맥길Gordon MacGill, 영화 「리틀 붓다」Little Buddha(1994)

티베트 라마승의 환생의 문제는 오랫동안 서구인들의 관심을 끌어 왔다. 이 문제는 항상 불교가 가진 이성적 혹은 비이성적인 측면에 논의의 초점이 맞춰지는데, 이 점은 또한 「리틀 붓다」와 같은 영화가 대중적 인기를 얻었던 이유를 설명해 준다.

베르톨루치 감독의 이 영화는 두 가지 이야기가 씨실과 날실로 엮여 있는데, 하나는 붓다의 삶이며, 또 하나는 20세기 미국 시애틀에 살고 있는 한 꼬마의 이야기이다. 이 영화는 망명 중인 두 명의 티베트 승려가 이 꼬마를 자신들의 스승의 환생으로 지목하면서 시작된다. 영화를 보며 관객들은 같은 인물이 한 생에서 다른 생으로, 또는 고대 인도로부터 현재의 미국까지 계속해서 환생한다고 믿게 되며, 티베트불교에서 말하는 이러한 환생이 마치 붓다가 직접 가르친 것이라는 인상마저 갖게 된다.

하지만 여기서의 환생은 불교에서 말하는 업의 연속인 윤회와는 구별해야 할 필요가 있다. 윤회란 개인의 업에 의해 결정된 어느 단계에서의 존재가 이생에서 다른 생으로 옮겨 가는 것을 말한다. 반면에 티베트불교에서 말하는 환생은 라마 승려가 다시 이 세상에 태어나는 것을 뜻한다. 왜냐하면 티베트 전통에 따르면 존재는 자신의 임무를 다하기 위해 다시 나고 싶은 곳을 소망하면 원하는 존재로 다시 태어날 수 있기 때문이다.

이 영화는 티베트불교가 불교 교리사 가운데, 상대적으로 늦게 발전한 전통임에도 불구하고 순전히 티베트불교만을 정통 불교로부터 나온 것처럼 그리고 좀 과하다 싶을 정도로 왜곡하고 있다. 실제 이러한 환생에 대한 생각은 12세기 말엽 칼마파Karmapa에서 발달하기 시작한 것인데, 이 학파의 라마승 중 한 명이었던 뒤쑴 켄파Düsum Khyenpa가 자신의 환생에 대해 예언하는 것에서부터 발전하기 시작했다. 이러한 생각은 지도자가 죽은 이후에도 그 학파 내에서는 그 지도자의 위엄이 계속해서 유지될 수 있다는 장점을 가지게 되었다. 이 개념은 곧 티베트불교의 다른 학파들로 급속히 번져 갔는데, 겔룩파Gelugpa가 '달라이 라마'라는 계보를 세울 수 있게 된 것도 이 때문이었다.

따라서 환생이라는 것은 티베트 문화라고 하는 특수한 문화적 맥락 안에서 봐야 할 필요가 있는 것이다. 최근까지 환생이란 실은 티베트와 그 근방의 왕국들(부탄, 시킴Sikkim, 라닥Ladākh, 몽골)에서만 볼 수 있는 현상이었다. 인도불교에서 환생이란 그다지 중요하지 않은 개념이며, 다른 아시아 지역에서 발달한 불교 전통, 혹은 중국권 불교 전통에서도 환생은 중요하지 않다.

하지만 이를 믿는 지역은 서서히 티베트로부터 몽골로 그 범위가 넓어졌다. 제3대 달라이 라마는 처음으로 '달라이'란 칭호를 몽골의 왕, 알탄Altan에게 받았던 인물이다.[1] 제3대 달라이 라마가 입적하자 그의 환생인 제4대 달라이 라마가 몽골인의 몸으로 환생한 것으로 알려졌는데, 환생이라고 판명된 어린아이는 놀랍게도 알탄 왕의 증손자였다. 더 최근에는 많은 티베트인들이 잇달아 세계 전 지역으로 망명을 떠남에 따라 자연히 유럽과 북미 지역에까지 티베트불교가 빠르게 전파되었는데, 이러한 흐름 속에서 영화「리틀 붓다」가 그려지고 있는 것이다.

티베트 라마승인 다갑 림포체Dagyab Rimpoche가 언급했듯이 "망명길에 오른 라마 승려들의 숫자는 급속하게 늘어나고 있다." 하지만 중국 공산주의자는 차치하고서라도, 흑인계, 라틴계들 가운데에서 라마가 발견되었다는 소식을 들은 적은 없다. 깨달음에 대해서 그다지 강도 높은 윤리적 잣대 없이 특정한 형태의 윤회에 대해서만 초점을 맞추는 그 독특한 정치적 본성은 이 전통이 가진 유효성에 대해 의문을 품게 한다. 판첸 라마Panchen Lama[2]의 환생과 제16대 칼마파의 환생에 관해서 티베트와 중국 사이에서 벌어졌던 논쟁을 여기서 상기할 필요가 있을 것이다.

라마승이 꼭 온전하게 하나의 몸으로 다시 태어나지 않을 수도 있다는 점에서 문제는 더욱 복잡해진다. 다시 말해 라마승의 몸·말·생각 세 가지 형태의 업이 따로따로 환생할 수 있다. 또 이 환생은 같은 종파 안에

---

1) 몽골의 왕이었던 알탄 왕은 몽골과 티베트불교의 관계를 재확립한 인물이다. 그가 제3대 달라이 라마(티베트에서의 당시 법명은 소남 갸초Sonam Gyatso였다)를 몽골로 초청했을 때, 그의 이름을 몽골어로 번역했는데, 이것이 '달라이 라마'이다. 갸초는 몽골어로 '달라이'라고 하며 그 의미는 '큰 바다'이다. 그후, 소남 갸초는 '달라이 라마'로 알려지게 되었다.
2) 타실룬포(Tashilumpo) 사원의 지도자로, 그는 한때 달라이 라마와 비견할 만큼 존경을 받았으며, 달라이 라마와 함께 티베트불교에서 높은 권위를 갖고 있다.

서 이루어질 수도 있으며 그렇지 않을 수도 있고, 동시에도 혹은 전혀 다른 시간대에서도 일어날 수 있다.

티베트에서 환생 전통은 수백 년간 존속되어 왔으며, 티베트인들이건 그것을 믿는 서구인들이건 환생에 대해 의문을 제기한 적은 없다. 중국인들 역시 여기에 의문을 제기한 적이 없으며, 각자의 이익에 따라서 특정 라마승의 지도력을 이용하기도 했다. 그렇다면 다른 불교도들은 이 체계에 대해서 어떻게 생각하는지 생각해 볼 수 있을 텐데, 왜냐하면 다른 전통의 불교도들은 환생이라는 개념이 갖고 있는 명백한 종교적 이점에도 불구하고 환생에 대해서 그리 집착하지 않았기 때문이다.

그러나 이러한 종류의 정치적 전용轉用은 그리 새로울 것도 못된다. 환생의 개념으로 겔룩파는 다른 종파들의 주요 사찰들을 자신들의 손에 넣을 수 있었고, 그들의 지도자인 제5대 달라이 라마는 몽골의 지원과 함께 티베트의 신성한 왕이 될 수 있었다. 그러나 이 체계에도 약점이 있었다. 이 환생 개념이 처음 빛을 본 이후, 달라이 라마의 계승이라는 것은 사찰이나 왕궁에서 벌어지는 기나긴 정치적 책략의 연속이었다. 새롭게 환생한 달라이 라마를 발견한 시점부터 그 어린이가 성장하기까지 기나긴 시간 동안, 정부는 섭정 형태를 유지했다. 이 기간 동안 정치 실권자들은 각자의 정치적 영향력을 유지하기 위해 안간힘을 썼다. 18~19세기 동안에는 왕위에 오르기 전 네 명의 달라이 라마가 입적했는데, 그 중 일부는 공식적 죽음의 이유가 석연치가 않다. 다행히도 제13대 달라이 라마 대에 이르러서는 이러한 불안정한 상태가 종식되었다.

제14대 달라이 라마는 그 전대 달라이 라마의 환생 그 이상의 의미를 갖는다. 그는 이론적으로 대승불교에서 가장 중요한 보살인 관음보살

그림 11. 여성적 이미지로 화현한 관음보살

중국에서 관음보살은 일찍부터 대중들에게 널리 알려졌는데, 경우에 따라서 서왕모(西王母), 혹은 타라와 혼동이 되기도 했다. 관음보살은 점진적으로 여성적 이미지로 그려졌는데, 특히 송나라 시기에 관음보살이 여성화되는 경향이 두드러진다. 왼쪽 상단부터 시계방향으로 녹색 타라, 포탈라궁에 나타난 관음보살, 고려 불화 속 관음보살이다.

의 수많은 화현 중 하나인데, 관세음보살은 티베트인들의 신화 속에서 티베트민족의 부모로까지 여겨지는 존재이다. 어떤 사람이 달라이 라마에게 왜 관세음보살이 티베트에서는 남성의 모습으로 화현하여 여성적 원리가 증장할 가능성을 닫아 버렸는지를 물은 적이 있었다. 이에 달라이 라마는 이것은 사회의 남성중심적 관념과 관련하여 티베트인들이 갖고 있는 편견과 충돌을 피하기 위해서라고 대답했다. 티베트불교에서 많은 신들이 여성신(예를 들어 타라Tārā)이고, 중국과 일본에서도 이와 비슷한 경우를 볼 수 있는데, 이 점을 고려할 때, 달라이 라마의 대답은 다소 놀랍다. 중국과 일본 전통사회에서는 알다시피 여성의 권리가 강하지 않았다. 하지만 관음보살은 종종 여성으로 묘사되고 있다(그림 11 참조).

이 믿음의 체계는 시대와도 밀접히 관련된다. 이제는 중국의 공산주의자들이 그들의 지지자들 가운데에서 라마의 화현을 찾고자 열심히 노력하고 있다. 이러한 시대에 티베트인들에게는 환생의 불이익이 이익을 능가하는 지점에 있는 듯하다. 현재의 달라이 라마가 그는 환생하지 않겠다고 선언한 것도 아마도 이러한 맥락에서 이해할 수 있을 것이다.

환생이라는 체계는 티베트와 국경을 맞닿고 있던 부탄의 역사 속에도 중요한 역할을 했다. 부탄은 17세기에 비로소 독립적 주권국가의 형태를 갖출 수 있게 되었다. 여기에는 티베트 승려 아왕 남겔Ngawang Namgyel의 공헌이 컸다. 당시 짱Tsang이라는 지역의 왕자가 두룩파Drukpa 스승의 환생을 찾고 있었는데, 아왕 남겔은 그 후보였다. 그러나 왕자가 아왕 남겔이 환생이 아니라며 그를 거부했고, 그 이후 아왕 남겔은 부탄에 정착하게 되었다 부탄의 두룩파 지도자였던 아왕 남겔은 스스로를 첫번째 부탄의 왕(샤드룽shabdrung)이라 선언했고, 티베트의 공격에 저항하기 시작했다. 전설에 따르면 그는 1705년에 사망했는데, 그의 육신에서 몸·말·생각 세 갈래의 환생에 상응하는 세 줄기 광선이 빠져나갔다고 한다. 세 갈래의 환생은 계승 문제에 있어서 계속되는 분쟁을 불러일으켰다. 몸의 갈래에서 환생했다고 하는 계승의 전통은 오래가지 못했다. 말의 갈래에서 환생했다고 하는 전통은 1918년에 없어져 버렸다. 생각의 갈래, 즉 이 셋 중 가장 수승하다고 여겨지는 계통은 1734년 성공적으로 환생이 확실함을 증명했으며, 이 덕분에 그후 어느 정도의 정치적 안정을 찾을 수 있었다. 이 계통은 1931년 제6대이자 마지막 샤드룽을 끝으로 역시 소멸해 버린다.

2부 │ 불교와 토착문화

11_불교는 무신론적 종교이다?

붓다는 인간임에 큰 자부심을 느꼈으며 인간보다 나은 존재는 없다고 보았다. 사실 그는 신이 설 위치를 없애 버렸으며, 존재하는 모든 것들 가운데에서 신을 인간 이하로 격하시켰다.

—주세페 투치Giuseppe Tucci, 『불교의 현존』*Présence du bouddhisme*

흔히들 불교에는 신도 없고 유일자라는 개념도 없다고 말한다. 실제로 초기 불교는 힌두교에서나 서구의 유일신 종교에서 말하는 조물주를 인정하지 않는다. 불교의 세계관에서 우주는 다르마[1]라고 하는 비인격적인 법칙에 따라 움직인다. 그러나 대승불교의 발전과 더불어 상황은 바뀌게 된다. 수많은 붓다들과 보살들이 각각 다른 능력과 역할을 갖는 것으로 묘

---

1) 다르마(dharma)는 힌두교에서부터 이미 있어 왔던 개념으로, 힌두교에서는 우주적·사회적·종교적 질서를 의미한다. 불교의 다르마란 우주적 질서와 붓다의 가르침 둘 다를 의미한다. 다르마의 개념은 광범위한데, 모든 현상과 사물을 지칭하기도 하며 실재를 구성하는 요소들을 의미하기도 한다.

사되며 그들은 신격화되기에 이른다. 여기에 대해 좀더 살펴보자. 대승불
교에서 법신불^{法身佛2)}이라고 하는, 비로자나불은 이 세상 모든 것들을 주
재하는 최고의 원리라고 하는데 이는 인격적 신의 개념과 크게 다른 것처
럼 보이지 않는다. 이와 유사하게 정토종에서는 아미타불이 이러한 구원
자로 여겨진다. 아미타불은 누구나 그의 이름을 부르기만 하면 서방의 극
락세계로 인도할 것임을 약속한다.

앙드레 바로^{André Bareau}는 "인도의 아들들로서, 붓다와 그의 제자들
은 다른 인도인들과 같은 생각을 갖고 있었다 …… 천상과 대지에 있는 수
많은 신들의 존재들에 대한 견해도 다른 인도인들이 갖고 있었던 것과 다
를 바 없었다." 그러나 마티유 리카르는『승려와 철학자』에서 불교는 다신
교가 아니며 티베트 종교에서 신격화된 존재들은 본체를 가진 '신들'과는
하등의 관계가 없다고 한다. 대신 이 신들이 "앎·자비·이타주의의 원형
으로 좌선을 할 때는 집중의 대상이며, 이들을 눈앞에 현전시킴으로써 우
리 안에 내재한 신의 속성을 끌어낼 수 있다"고 말한다. 그러나 이러한 관
점은 단지 지식인들이 갖고 있는 지성적 관점의 해석일 뿐이다. 달라이 라
마 자신도 모든 중요한 결정을 할 때 무당이 접신 상태에서 받은 메시지를

---

2) 대승불교에서는 붓다의 초시간성과 공간성을 주장하기 위해 붓다에게는 세 가지의 몸, 즉 법신
(法身)·보신(報身)·화신(化身)이 있다는 교리를 발전시켰다. 기원후 4세기쯤에는 완전하게 이 삼
신설이 형성되는데 이 가운데 법신불은 인간의 육신과는 상관없이 존재하는 영원한 본질, 즉 진
리로 여겨졌다. 이 법신의 개념을 통해 과거·현재·미래의 붓다가 모두 하나로 연결되며, 실은 이
렇게 수많은 붓다들이 있지만 진짜는 법신불 하나뿐이라고 보았다. 보신은 붓다가 공덕과 수행
을 통해 깨달음을 얻었는데, 이처럼 수행의 결과로 붓다가 되었다고 해서 보신이라고 한다. 이는
법신이 표상화되어 나타난 것으로 보살들이 이 몸을 알아볼 수 있다. 마지막으로 역사적 붓다가
인간세계에 나타난 것을 설명하기 위해서 화신이라는 개념이 필요하게 되었다. 그러나 여기서
붓다의 세 가지 몸이 등급을 가지는 것은 아니며, 보신과 화신은 현상계의 차원에, 법신은 절대의
차원에 속하는 것으로 이해할 수 있다.

바탕으로 한다고 한다. 이때 이 무당에게는 티베트불교에서의 가장 중요한 신들 중 하나가 강림한다고 한다. 이론적으로 이러한 신들은 상징적 존재라고 하지만, 실제에 있어서도 그들의 존재는 대단히 중요하다. 티베트불교도들에게 신과 사악한 신들이 갖는 의미는 바로 데팡^{Deffand} 후작이 프랑스혁명 전날 귀신에 대해서 언급하며, "나는 귀신을 믿지는 않지만 두렵기는 하다"라고 말한 것과 같은 의미이다. 이것은 티베트 라마승들이 그들의 서양인 제자들에게 자랑스럽게 내세우던 티베트 전통의 일부분은 분명 아니었는데, 왜냐하면 이성주의적 문화 속에 자란 서구인들이 여러 신들에 대한 숭배를 '미신'이라고 업신여길 것을 잘 알고 있었기 때문이었다.

이와 같은 이중적인 화법은 일본불교에서도 찾을 수 있다. 예를 들어 일본 조동종의 선사인 게이잔 조킨$^{紹瑾, 1268~1325}$은 말하기를 "선사는 조물주는 두말하면 잔소리이고, 신에게도 스승에게도 절대 복종하지 않는다"고 했다. 허나 동시에 그는 종종 자신의 꿈에서 신들의 모습을 보았다고 기록하고 있으며 신들이 해준 충고를 받아 적기도 했다. 게이잔의 경우는 드문 경우가 아니라 오히려 중세 일본 승려들이 어떤 수행을 했는가를 보여 주는 가장 대표적인 인물이라고 할 수 있다

일본불교에서는 '상징적' 신(공겐^{權現}; 일시적인 화현)과 '진짜' 신들 혹은 사악한 신들을 분명하게 구분한다. 공겐이 더 높은 실재의 화현이기는 해도, 주변에 머무는 진짜 신들과 사악한 신들을 대수롭지 않게 다룰 수는 없다. 이 신들은 사악한 방식으로 끊임없이 나타나기 때문에, 승려들은 의식을 통해 이들을 '해방'시켜 질서 속에 편입시키고자 했는데, 이 말은 곧 의식을 통해 사악한 신들을 퇴치함을 완곡하게 표현한 것이다. 물론

최고의 시나리오는 신들을 제압하거나, 불교의 호법신으로 탈바꿈시켜서 불교에 귀의케 하는 것이다(그림 12 참조).

티베트불교 역시 상징과 실재 사이의 간격을 인정했다. 그 예로 이 담yidam이라고 하는 신과 최꽁chökyong이라고 하는 신을 구별했다. 여기서 이담은 명상할 때 눈 앞에 그리는 신이며, 최꽁은 한때 수행자를 위험하는 존재였으나, 불교에 귀의한 이후 외부의 사악한 힘으로부터 수행자를 보호하는 수호신이다.

어떤 이들은 '실존했던' 붓다를 강경한 무신론자로 평가하기도 하지만, 대부분의 불교도들에게 그는 국경을 초월한 수많은 신들의 세계에서 가장 중요한 존재이며, 중요한 예경의 대상이다. 결국 그렇다면 불교는 무신론인가, 일신론인가 혹은 더 나아가 다신론을 주장하는 종교인가? 이 점을 좀더 살펴보기로 하자.

불교적 세계관에서 신들은 제일 먼저 이 세계에서 존재했으며 전 세계를 다스리는 존재들이었지만 얼마 후 그들은 이 세계에서 쫓겨나게 되었다. 그 가운데 어떤 신들은 붓다와 그의 권속들에 의해서 그 지위가 (낮긴 하지만) 복원되기도 했다. 전통적 해석에 따르면 비록 불교에서 토속신들의 존재를 인정하긴 할지라도, 이러한

그림 12. 가마쿠라 시대의 진자다이쇼(深少大將)
불교에 귀의해서 호법신이 된 신으로, 현장이 인도로 구법 여행을 하고 있을 당시 그를 수호했다고 한다.

신들은 인과의 법칙에 종속된다는 점에 있어서 이 법칙에서 벗어난 붓다와 불교의 신들과는 구별이 된다. 신들의 신성한 지위는 선업의 결과이나 단지 일시적인 것일 뿐이다. 힌두교도들이 믿었던 것과 같이, 이 신들은 잠시 동안 초능력을 발휘할 수 있으나 완전하지 못하며 따라서 모든 힘을 가진 존재가 될 수 없다. 그들은 또한 인간에 비해서 약점을 갖고 있기도 하다. 왜냐하면 그들은 그들의 삶이 영원하리라고 믿고 삶을 즐기는 데 너무 바빠서 업력이 지배하는 실재를 경시하게 되고, 자신들을 구할 수 있는 불법을 수행하는 것을 잊어버리기 때문이다.

게다가——적어도 이론상——대승불교에서 신들은 결국에는 그들이 가졌던 약간의 힘과 자주권을 잃어버릴 수밖에 없게 된다. 즉, 그들은 인간 마음에서 투사되었거나 우리의 업에 의한 환영 또는 우리 마음이 만들어 낸 추상적인 존재일 뿐이다. 신들은 종종 특정 지역적·문화적인 맥락 내에서만 존재하는 것으로 인식되기도 한다. 그러나 실제로는 대부분의 불교도들은 여전히 이러한 신들의 존재를 굳게 믿고 있다.

일반적으로 어떠한 신이 신들의 세계에서 더 높은 지위에 올라갈수록, 인간과의 관련은 더 멀어진다. 물론 여기에는 예외도 있는데, 보살과 같은 존재는 완벽하면서도 우리 가까이에 있는 존재이다. 그러나 낮은 세계에 살고 있는 신들은 우리 인간과도 같이 인과율의 법칙을 적용받기 때문에 그들에게 더 가깝게 다가갈 수 있다. 이 신들은 의식을 통해서 번영을 누릴 수 있으며, 그 대가로 사람들을 보호해 준다. 그들은 또 불교 승려들의 가르침으로 깨달음까지도 얻을 수 있다.

그러면 이 불교의 신들이란 누구인가? 역설적이게도 붓다는 신들 가운데서 자신을 가장 높은 신의 위치로 격상시켰다고 말할 수 있을 것이다.

여기서 붓다가 단지 비슈누 신의 아홉번째 환생일 뿐이라고 하는 힌두교의 이론에 크게 신빙성을 부여할 필요는 없는데, 그럼에도 붓다가 가진 여러 다양한 모습이 힌두교 신들의 이미지들로부터 나온 것임은 부인할 수 없다. 붓다가 태어나자마자 천상천하 유아독존을 외치며 내딛었던 일곱 걸음은 세 종류의 세계를 제도하기 위해 비슈누가 세 걸음을 걸었던 것을 생각나게 한다. 여기에 대해 일본 일련종日蓮宗을 개창한 승려인 니치렌日蓮, 1222~1282은 "석가모니 부처

그림 13. 오방불
밀교에는 오방불이라고 하여 다섯 방향에 부처가 있다고 보았다. 오방불 만다라에서는 일반적으로 대일여래(大日如來)를 중심으로, 동쪽에는 아촉여래(阿閦如來), 서쪽에는 아미타여래(阿彌陀如來), 남쪽에는 보생여래(寶生如來), 북쪽에는 불공성취여래(不空成就如來)가 표현된다.

는 법왕이시며, 부모이며, 이 세상 모든 존재하는 것들의 근원적 스승이시다"라고 말했다.

서른두 가지의 상호相好[3]를 가졌다고 하는 붓다는 실제로 신으로 대접받았다. 『법화경』과 같은 대승경전에서는 붓다는 영원히 존재하며, 모든 것을 다 알고 있고 이 세상을 초월한 존재로, 그가 연약한 인간의 모습으로 우리 앞에 나타난 것은 단지 우리를 구하기 위함이었다고 설명한다. 이러한 초세간적 붓다에 대한 개념으로 인해 오방만다라五方曼荼羅에 상응하는 오방불五方佛, 아미타불과 같은 수많은 형이상학적 부처들이 등장하

---

3) 부처나 전륜성왕이 몸에 지니고 있다는 32가지 모습으로, 불상에서도 부처의 이러한 특징을 볼 수 있다. 예를 들어 부처의 이마에서 주로 볼 수 있는 보석은 백호(白毫)라는 하얀 털로 부처가 이를 통하여 세상에 빛을 비춘다고 하고, 상투처럼 솟아오른 정수리는 육계라고 부른다.

기 시작했다(그림 13 참조). 특히 밀교에서 비로자나불은 태양을 상징하는데, 비로자나불이야말로 존재하는 모든 것들의 시작이자 끝이라고 여겼다.

다음으로 보살을 살펴보자면 보살들은 미래의 부처들 혹은 여러 부처들의 감화를 통해 나타나는 존재이다. 전자의 경우가 바로 '미래에 나타날 부처'인 미륵불彌勒佛의 경우로, 그는 (우리에게는 엄청나게 먼 시간이지만 그에게는 그리 머지않은 시간인) 수백만 년의 시간 동안 도솔천兜率天에 머무르면서 인간 세상에 나타나기를 기다리고 있다고 하는 부처이다. 그리스도교에서 말하는 메시아와는 달리 미륵불은 말세에 나타나는 것은 아니다. 대신에 그는 인간세가 완전히 새로워진 이후에 새로운 황금기의 시작을 열기 위해 기다리고 있는 존재이다.

의심할 여지없이 불교인들에게 가장 대중적으로 인기 있는 보살은 관음보살이다. 자비의 화신인 관음보살은 여성으로 심지어 어머니와 같은 존재로까지 그려진다. 하지만 어떤 경전에서는 관음보살은 단지 아미타불의 화현이라고 주장하기도 한다. 관음보살만큼 중요한 또 다른 보살로 지장보살地藏菩薩이 있는데, 종종 젊은 승려나 아이의 모습으로 그려진다. 대중적인 믿음 속에서 지장보살은 육도의 여러 갈림길에 놓여 있는 죽은 이의 영혼을 구제하고 인도하는 존재로, 특히 죽은 이들이 지옥에 떨어지지 않도록 돕는다. 지장보살은 일본에서 죽은 아이들의 수호신으로 특히 더 인기가 있다(그림 14 참조).

불교에 아라한阿羅漢, 혹은 줄여서 나한羅漢이라는 존재가 있다. '역사적으로 실존'한 붓다의 제자들이었던 아라한은 중국불교권으로 넘어오면서 도교의 신선을 닮아 가는 양상을 띠게 된다. 불교도들은 16나한,

그림 14. 천수관음보살(왼쪽)과 지장보살(오른쪽)

관음보살은 여러 가지 형태가 있는데, 십일면(十一面)·천수천안관음보살이나 한국에는 잘 알려져 있지 않지만, 마두(馬頭)관음 등을 들 수 있다. 중국과 한국에서는 지장보살이 주로 승려형으로 묘사되는 데 비해, 일본에서는 종종 어린아이의 모습으로 묘사되는 것을 볼 수 있다.

18나한 혹은 500나한과 같이 여러 아라한들을 한데 묶어서 예경의 대상으로 삼았다. 예수회 선교사였던 마테오 리치Matteo Ricci는 중국에 도착한 지 얼마 안 되어 아라한 숭배를 눈앞에서 보았고, 서구인들에게 아라한을 소개한 최초의 인물이 되었다. 아라한은 대개 그룹으로 숭배되는데, 마치 '방랑하는 유대인'과 같은 빈두로賓頭盧 존자만은 예외적으로 독자적인 숭배의 대상이 되었다.

다음으로는 수많은 지역적 신들이 존재하는데, 불교가 전해지면서 새로운 문화가 파급되고 이에 이들은 불교의 신으로 포섭되었다. 여기에는 인드라Indra, 브라흐마Brahmā와 같은 인도의 주요한 두 신이 포함되는데, 이들은 불교에서는 불법을 보호하는 호법신이 된다. 대조적으로 또 다른 중요한 인도의 신, 시바^{Śiva}와 비슈누^{viṣṇu}에 대해서는 별다른 변화 없이 조용히 지나갔다. 토착신이 새로운 종교에서 변용되는 과정은 대부분 순조롭게 진행되었지만 어떠한 경우에는 상징적인 폭력을 수반하는 제압이 필요하기도 했다. 이러한 제압의 방식은 불교와 토착 종교와의 관계를 보여 준다. 힌두교와 불교는 오랜 기간 라이벌이었는데, 힌두교의 신화에서는 붓다를 단지 비슈누의 화현일 뿐으로 이단자(여기서는 불교도를 의미)들을 속이기 위해 나타난 존재라고 설명하며, 붓다가 그 이단자들을 파멸로 이끈다고 설명한다.

시바는 자신의 배우자(시바의 창조적인 에너지를 상징하는 존재)와 성적인 결합을 하고 있는 모습으로 많이 그려졌는데, 이는 후대 밀교 미술에도 크게 영향을 끼쳤다. 시바의 아들인 가네샤^{Gaṇeśa}는 코끼리 머리를 하고 있는데 일본밀교에서는 선과 악을 함께 갖고 있는, 이중적이고도 상반되는 성격을 가진 신으로 모셔져 왔다. 가네샤는 남성신과 여성신이 합체된 모습으로도 표현된다. 이때 머리는 코끼리이며 몸은 사람의 몸을 한 남성신과 여성신이 선 상태로 포옹을 하고 있는데, 이는 성적 결합을 상징한다. 이렇게 이중적 몸을 가진 신은 일본에서는 '강기텐'^{歡喜天}(환희천; 기쁨의 신)이라는 이름으로 알려져 있다. 강기텐은 중세 일본에서 한번도 정통으로 인정된 적이 없었지만, 오랫동안 널리 숭배되었던 신이다(그림 15 참조).

위에서 본 것과 같이 불교에는 신의 형태에 대한 두 가지 믿음이 공존한다고 말할 수 있을 것이다. 첫번째 형태로 선업을 통해 일시적으로는 신이 될 수 있으나 여전히 욕망에 사로잡혀 있는 존재들이다. 그들은 힌두교나 다른 종교들에서 볼 수 있는 신들과는 달리 특별한 힘도 별로 없고

그림 15. 가네샤와 강기텐(환희천)

가네샤(왼쪽)는 부와 번영, 지혜를 상징하는 힌두교의 신으로 인도에서는 지금도 대중적인 인기를
얻고 있는 신이다. 가네샤 혹은 강기텐(오른쪽)은 '장애의 신'으로 인간에게 장애를 만들기도 하고,
장애를 없애 주기도 한다. 강기텐은 다른 이름으로 성천(聖天)이라고도 하는데, 원래 시바 신의 두
아들(가네샤, 스칸다) 중 하나이다. 중국과 일본에서는 강기텐이라는 이름으로 더 잘 알려져 있으며,
일본밀교에서 강기텐의 이미지나 의례는 대중에게 잘 공개되지 않는다.

그저 평범한 인간들처럼, 욕망·고통·업력에 의한 과보를 받는 존재들이
다. 이들은 오직 불교에 귀의함으로써 구원을 받을 수 있는데, 이때 그들
은 반드시 불교를 보호하겠다는 서원을 세워야 한다.

두번째로 대승불교에서는 공의 가르침이 무엇보다도 중요하게 여
겨졌기 때문에 이러한 신들은 오직 세속제적 관점에서만 존재한다고 보
았다. 승의제적 관점에서 보자면, 모든 존재들과 마찬가지로 이 신들 또
한 공하며 실재하지 않는다. 붓다만이 유일한 존재인데 왜냐하면 붓다
스스로가 공하기 때문이다. 이것을 아는 불자들이라면 이러한 신들은 단
지 방편적인 가르침으로, 심각하게 받아들일 필요가 없는 존재이다. 밀교

에서는 이 신들을 다양한 근기를 가진 이들의 여러 투사로 본다. 이들은 처음에는 명상 시 눈앞에 현전시킬 수 있으나 최고의 명상 지점에 이르기 위해서 결국에는 없애 버려야 할 존재들이다.

비록 드물긴 하지만 다른 경우들도 있는데, 승려들이 고행이나 명상을 통해서 얻은 영적 능력과 갖가지 의식들에도 불구하고 토속신이나 사악한 신들의 힘을 능가할 수 없을 때이다. 불교에서 두루 모셔지는 신이나 사악한 신이나 실은 동일한 존재들이었다. 즉, 어떤 토속신들이 불교에 귀의하기를 거부할 경우 불교도들은 이들을 귀신으로 강등시키기도 했고, 반대로 어떤 귀신들은 마지못해서건 물리적 힘에 의해서건 간에 그들이 불교의 계를 지키겠다고 한다면 신으로 모셔지기도 했다.

역시 드문 경우이기는 하나, 어떤 전설에서는 사악한 신에 대해 불교가 어떻게 패배를 시인했는지를 보여 준다. 특히 이러한 점에서 고즈텐노牛頭天皇,황소의 머리를 한 호법신는 중요한데, 고즈텐노는 일본에서는 역병의 신으로 알려져 있다. 한 전설에 따르면 자신을 환대하지 않은 재가 불교 신도에게 고즈텐노는 복수를 하고, 마침내 붓다마저도 병에 걸려 죽게 한다. 이 이야기는 14세기쯤 불교의 라이벌이었던 음양도陰陽道의 음양사陰陽師들이 전하는 전설이다. 당시는 발생 초기에 있던 신도神道가 추락했던 지위를 되찾기 시작하고 있었던 시기로, 이 이야기는 당시 불교도들이 이 신들을 경시할 수 없었다는 점을 드러낸다.

불교는 다신교라고도 볼 수 있다. 왜냐하면 불교에서는 때에 따라 신을 깨달음으로 이끄는 매개자, 혹은 구제자로 이들의 존재를 인정하며 숭배해 왔기 때문이다. 그러나 이 가운데에서 붓다야말로 궁극적 실재라는 측면에서 본다면 불교는 일신교라고도 볼 수 있다. 붓다는 서구적 종교관에서 볼 때는 신이 아니다. 붓다는 (초기 불교적 관점을 따른다면) 이 궁극적 실재를 최초로 이해한 사람이거나 (대승불교적 관점을 따른다면) 그 궁극적 실재의 또 다른 이름이라고 할 수 있다. 불교는 또한 무신교라고도 볼 수 있는 여지가 있기는 하다. 그러나 이러한 설명만으로 불교를 둘러싼 복잡한 현상과 늘 변화하는 믿음과 수행들을 다 드러내기엔 적절하지 않다.

12_불교는 하나의 정신적 추구인가?

불교는 내재적 종교이다. ——『르 누벨 옵세르바퇴르』*Le Nouvel Observateur*

불교를 하나의 정신적 추구 spirituality로 보는 관점도 있는데, 이는 현대 서구인들에게 상당히 매력적으로 비춰진다. 이러한 관점은 서구인들의 요구에 부응한 듯이 보이는데, 여기에 관심을 갖는 서양인들은 더 이상 그들 부모의 종교를 무비판적으로 따르지 않으며 물질적으로 성공하는 것에도 그렇게 집착하지 않는 듯하다. 이러한 개념은 종교가 갖고 있는 의례주의적 면모에 대한 비판도 담고 있는데, 그들은 이 의례주의를 빈 껍데기일 뿐이라고 본다. 그리스도교와 유대교의 의례를 진부하다고 느끼고, 이것에 점점 반감이 늘어 감에 따라, 불교에 매력을 느끼게 된 그들은 불교가 시대정신의 한 부분이 되었기 때문에 심지어 불교를 잘 모르면서도, 개신교의 의례주의 비판을 여기에 적용했다.

　　많은 서구 불자들이 염불이나 절 같은 의례를 불필요한 것으로 여기면서도 역설적이게도 이러한 의례들은 불교도임을 확인하는 차원에서 여전히 중요한 부분으로 계속해서 행해지고 있다. 일부 서양 불교도들은 일본어나 티베트어로 독송을 하기는 하지만, 그 의미를 아는 데는 별 관심이 없기 때문에 의미는 모른 채 따라하는 경우가 많은데 이것은 마치 교회에서 라틴어로 예배하는 것과 같다. 형식이 중요치 않다면, 적어도 그 의미라도 새기고자 (이 두 가지가 분리될 수 있는 것은 아닐지라도) 일부 사람들은 예불문을 번역하려는 시도를 하는데, 예불문에는 주문과 같이 의미를 새기기 힘든 요소가 있기 때문에 이러한 시도가 쉽지 않을 때도 있다.

한편 대다수 동양의 불교도들에게는 의례가 그 무엇보다도 중요하다. 여기서 말하는 의례는 사악한 신을 쫓는다거나, 성공·건강·명예·부와 같은 세속적 이익을 가져다주는 효력을 가진 것이다. 붓다의 사리에 대한 숭배가 바로 이러한 경우인데, 이는 빅토르 세갈렝이 제기했던 문제와 유사하다.

빅토르 세갈렝의 1904년 스리랑카 여행기인 『섬 여행기』*Journal des Îles*를 보면, 그는 당시 스리랑카인들의 붓다의 치사리^{齒舍利} 숭배가 상당히 못마땅했던 듯하다. 그는 다음과 같이 말한다. "나는 붓다의 사리로부터 뒷걸음칠 수밖에 없었다. 이와 같은 행위는 잿더미에 대해 세속적 차원의 숭배 행위로 굴러 떨어지는 것이다." 빅토르 세갈렝은 다음과 같이 결론 내린다. "지금부터 나는 신화, 순환, 세월의 계산, 수많은 붓다 등 정의되지 않은 집합을 붓다의 업적을 파괴하고 누를 끼치는 모든 것으로부터 보호하는 데 온힘을 기울일 것이다. 이 모든 것을 불교라는 오직 한 단어로만 표현할 수밖에 없다는 것은 아쉬운 일이다."

순전히 관념 속에 있는 '오리지널' 불교와 대중적인 '미신' 사이의 이 흔한 이분법은 살아 있는 전통으로서의 불교에 대해 잘못 이해하고 있는 것이다. 불교는 그 가르침을 수행하는 사람들을 위해 존재해 왔으며, 역사적으로 볼 때도, 지금은 서양인들에게 '미신'으로 비춰지는 형태들이 실은 대중들뿐 아니라 수많은 고승들에게서도 비롯된 것이기도 하다. 게다가 이러한 것은 신들을 달래고자 하는 '방편' 혹은 '승려들의 타락'이 아니었다. 오히려 불교도들에게 붓다나 불교의 신은 상징이나 이야기 이상의 의미를 가지는 것으로, 실제 이들의 존재를 경험했기 때문에 불상이나 다른 신상 앞에서 절을 할 수 있는 것이었다.

서양에서는 불교의 정신적 혹은 교리적 측면만을 강조해 왔었지, 불교가 가진 주술적인 측면은 오늘날까지도 무시해 왔다. 수행자가 고행과 의례를 통해서 얻을 수 있다고 하는 '신통력'abhijñā은 깨달음의 추구라는 고상한 목표와는 반대되는 것으로 여겨졌다. 동양에서도 신통력을 얻는 것이 수행의 목표라고 공공연히 말하는 것은 꺼려졌다. 하지만 특히 신통력을 지닌 승려들이 모든 액으로부터 지켜 주고 이생과 다음 생에서 자신들의 행복을 보장해 준다는 점을 믿었던 불교도들의 마음속에는 이에 대한 호소력 역시 상당했다.

붓다를 시대의 편견에 저항한 자유사상가 정도로 묘사했던 19세기 오리엔탈리스트들은 불교를 교조적이며 의례적인 전통에 반기를 든 종교로 특징 짓고, 불교를 일종의 '개신교'로 변형시켰다. 그들은 불교를 종교의 범주에 편입시키고자 했는데, 이성주의적 접근 속에서 이들은 불교를 그리스도교 ─ 특히 의례적 성향이 강한 가톨릭 ─ 에 대조적인 종교 전통으로 바라보았다. 이와 똑같은 태도를 서구의 일부 신심이 깊은 불교 지식인들 사이에서도 찾을 수 있는데, 이들은 불교를 개혁하여 현대사회에 맞게끔 변용시키고자 노력한다. 이런 과정에서 그들은 한 가지 중요한 사실을 잊는다. 즉 불교철학·형이상학·신화·의례는 유기적 전체로 얽혀져 있다는 점이다. 그러므로 다른 것들을 왜곡하지 않고서 어떤 하나(의례)에만 특정 변용을 시도하는 것은 불가능하다. 살아 있는 전통으로서 불교는 철학적·종교적·이성적·주술적 면모가 다 합쳐진 것이다.

불교가 반의례적인 종교라고 하는 해석은 근래에 서구에서 출간된 불교 서적들에서 손쉽게 찾을 수 있다. 예를 들어 『승려와 철학자』에서 마티유 리카르는 이렇게 말한다. "신이란 상징적인 것이다. 신의 얼굴은 그분, 절대자를 상징한다. 절대자의 두 팔은 바로 공을 잘 알고, 방편을 잘 쓰는 것을 의미한다. 어떠한 신들은 여섯 개의 팔을 갖고 있는데, 이것은 육바라밀을 의미한다.…… 이와 같은 상징들 덕분에 억제된 사고에 휩쓸리지 않고 우리는 정신적 진보의 한 요소로 우리의 상상력을 충분히 이용할 수 있다"고 말한다. 그 결과 "붓다에게 절을 하는 것은 예를 표하는 것으로, 신에게 절하는 것이 아니며 궁극적 지혜가 인간으로 화현한 모습에 절을 하는 것이다."

장례식은 모든 불교 전통에서 아주 중요하게 다루어지는 부분인데, 특히 일본불교에서 그러하다. 불교에서도 장례는 순전히 상징적인 것이라고들 한다. 하지만 종종 망자의 가족들이 값비싼 의례 비용을 치르는 것을 본다면 이 설명은 믿기가 힘들다. 장례를 치르는 큰 이유 중 하나는 사랑하던 이가 구제받기를 원하기 때문이며, 또 때로 장례식은 그 죽은 이를 적절한 예에 따라 망자로 만들어서 다시 이 세상에 돌아와 산 자를 괴롭히지 못하게 하기 위한 절차이기도 하다.

불교에서는 개인주의적 성향 역시 강조되기도 한다. 좌선은 내면을 다스리는 것으로, 이렇게 고독한 수행활동이 훨씬 뛰어난 가치를 지닌다고 보기 때문이다. 그러나 불교는 또한 단체적 가치를 중요하게 여기기도 한다. 즉 승가라는 전문 수행자들의 단체는 불교도들이 귀의할 붓다, 붓다가 설한 법과 함께 불교의 세 가지 보물, 즉 삼보三寶의 마지막 요소이다. 우리가 보기에 아주 개인화된 행위로 보이는 좌선 같은 수행도 동양적 맥락에서는 사회적인 행위로 비춰지기도 한다. 이러한 점은 불교에서 내면적이고 강렬한 개인적 경험을 찾고자 불교에 입문한 사람들에게 확실히 반갑지 않은 소식이다. 삼보 중 승단이 마지막에 위치하게 된 것은 좀 의아스러운 면이 있는데, 이것이 붓다가 정말로 강조한 것인지 혹은 후대에 균형을 맞추고자 고안된 것인지는 생각해 볼 문제이다.

불교가 가진 의례적·공동체적 측면을 볼 때, 불교를 이상화하는 것은 사회학적 실재를 가릴 위험이 있음을 알 수 있다. 실제로, 편견을 가지지 않고 사찰에서 생활해 본 사람이라면 누구나 알 수 있듯, 사찰에서 좌선보다 의례가 더 중요한 부분을 차지하고 있다. 그러나 때로는 승려들조차도 그들의 수행을 이상화시키는 경우가 있으며, 그들이 하는 의례를 순수하게 상징적인 것으로 치부하려는 경향이 있다. 예를 들어 마티유 리카르의 경우 "탑은 붓다의 정신을 상징한다. 경전은 붓다의 말씀을 상징하며, 불상은 붓다의 몸을 상징한다"라고 했다. 이와 유사하게 다라니의 주술적인 측면을 간과함으로써 다라니는 단지 '마음을 보호하는 것'이라는 단어적 의미만이 남게 되었는데, 여기서 보호란 자연재해와 같은 것으로부터의 보호가 아니라, 정신적 산만이나 혼동으로부터의 보호를 의미했다. 문제는 이 어원에 대한 설명은 대다수의 일반 불자들에게는 사실상 들어 본 적도 없고 혹은 별로 중요치 않은 역할을 한다는 점이다.

이와 유사한 점을 마티유 리카르의 견해 속에서 찾을 수 있는데, 그는 티베트불교의 마니차가 독경을 하는 사람들의 편리를 위해 고안된 것이 아니라, 외적 도움을 통해 신자들이 내적 진리와 연결될 수 있도록 해주는 것이라고 본다. 이것이 경전적 전거를 갖고 있는 것이라 할지라도 또 한편으로는 경전이 상징과 비유로 가득 차 있음을 생각해 볼 필요가 있다. 따라서 이러한 식의 해석은 일종의 합리화에 불과하며, 일상생활에서의 불자들의 수행과는 별다른 관련이 없어 보인다. 마티유 리카르의 견해는 서구인들이 불탑, 불상, 마니차, 상징 일반에 대해 어떻게 생각하고 있는지를 알 수 있는 것으로만 살펴볼 여지가 있다.

흔히 불교적 도구의 실질적 기능에 대한 부정과 그것의 상징적 혹은 심미적 가치에 대한 강조는 불교적 경험의 '영적' 본성을 주장하는 하나의 방법으로 나타난다. 그러나 이러한 해석은 일부 지식인 동양 승려들과 서양의 불교도들이 갖는 하나의 관점을 보여 주는 것일 뿐이다. 이론적으로는 불교 수행의 목표가 사회·문화적 조건들을 초월하는 데 있지만, 그것은 그저 단순히 '순수 경험'이 아니다. 불교를 순수한 정신적 추구, 즉 자유의지론의 잠재적 요소를 통해 자아를 깨닫는 것이라고 이해하는 것은 불교의 수행적 측면을 간과하는 것인데, 이것은 방대한 분량으로 남아 있는『율장』에서 확인할 수 있다. 이러한 점에 있어 불교는 내적 경험이며 동시에 사회적 구조이기도 하다.

불교를 '정신적 추구'라고 재해석하는 것은 특히 선불교의 경우가 그러하다.『선과 욕欲』Zen and the Birds of Appetite에서 가톨릭 신부 토머스 머튼Thomas Merton은 다음과 같이 말했다. "선을 종교적 체계 혹은 구조의 관점에서 정의하려는 것은 실상 그것을 망가뜨리는 시도이다. 혹 그게 아니라면 완전히 맥락을 놓치는 것이다." 그는 또 설명하기를, '굉장히 진지하고 능력이 있는' 선 수행자들은 선불교가 종교가 아니라고 하는데, 그들은 이때 종파적 논쟁으로 유명했던 도겐과 서양에 잘 알려진 스즈키 다이세쓰鈴木大拙, 1870~1966를 그들의 논거로 인용한다고 한다. 머튼에 따르면 "불교는 그 자체가 어떠한 이론적이거나 철학적인 '주의'ism를 뛰어넘는다. 불교는 ——다른 종교들과 같이 체계화하고 하고자 하는 유혹을 묘하게 불러일으키지만 —— **어떠한 체계도 아니라는 점**을 주장한다." 머튼은 불교는 어떠한 체계도 아니라고 주장한다. 그는 이 점은 다른 종교들에서도 볼 수 있는 현상이라고 지적하는데, 정말로 그러하다. 흥미로운 것은 그럼에도 이런 주장을 하는 그들의 권위가 바로 이 체계에 근거한다는 것이며, 이 주장으로 그 권위가 다소 의심스럽게 보인다는 점이다.

수많은 서구의 불교도들은 여전히 이러한 교리와 체계의 손실 속에서도 개인적인 경험에 대해 강조한다. 그러나 다소 역설적이게도 그러한 강조는 그들 자신의 경험과 관련된 것이라기보다는 일반적·교학적 해석에 기대는 경향이 크다. 이러한 경험들의 실재를 부인하기보다, 우리는 다음과 같은 점을 명심할 필요가 있다. 즉 이와 같은 주장을 하는 이들은 특정한 믿음의 영역에 머물러 있는 이들이라는 점으로, 이 믿음은 이론적으로는 그들이 중상모략하려고 하는, 소위 수행이 덜된 사람들이 믿는다고 하는 '미신'과 별다를 바 없는 또 다른 믿음일 뿐이다.

13_달라이 라마는 불교의 정신적 지도자이다?

우리 모두는 당신을 향한 가장 충심 어린 이들입니다. 오, 위대한 라마여! 우리에게 당신의 빛을 비춰 주시고, 우리를 이끌어 주소서.

— 앙토냉 아르토Antonin Artaud, 「달라이 라마에게」Address to the Dalai Lama(1925)

오늘날 유럽과 미국에서 티베트불교가 유행하는 것은 기본적으로 텐진 갸초Tenzin Gyatso, 즉 지금의 제14대 달라이 라마의 강력한 카리스마 때문인데, 여기에는 또 대중매체들의 집중적 보도 역시 한몫을 차지했다. 유럽과 미국에서 불교로 개종하는 비율을 볼 때, 비록 3명 중 2명은 티베트불교로 개종을 하지만, 그럼에도 그 전체 숫자는 전체 아시아 불교도의 약 2퍼센트에 불과하다. 많은 이들에게 달라이 라마는 불교의 자비와 관용의 화신을 의미한다. 그러나 그의 역할은 상대적으로 제한적이라고 할 수 있다. 달라이 라마는 — 최근까지도 서구에서는 그는 이렇게 불리긴 했지만 — 결코 '불교의 교주'는 아니다. 비록 그는 티베트민족주의를 상징하게 되었지만, 엄밀히 말해서 티베트와 티베트망명정부의 불교도들의 정신적 지도자일 뿐이다.

기본적으로 달라이 라마를 이상화시키는 것은 티베트의 전통과 티베트불교의 이상화에 대한 결과이다. 예를 들어 히말라야에 있다고 하는 지상 낙원인 샹그릴라Shangri-La에 대한 믿음은 티베트가 종교적으로 마치 세상의 가장 꼭대기에 위치하고 있는 것처럼 만들었다. 중국 군대가 티베트를 점령했을 당시 서구사회에 이 사건은 마치 우리 세계 정신사의 운명이 절멸의 위험에 처한 것처럼 알려졌다. 제임스 힐튼James Hilton의 소설을 바탕으로 한 프랭크 캐프라Frank Capra의 1937년 영화 「잃어버린 지평선」*Lost Horizon* 이후 티베트를 둘러싼 신화는 더 잘 알려지게 되었다. 하지만, 그 밑바탕에 있는 생각은 이것보다 훨씬 더 이전부터 찾을 수 있다.

티베트의 수도 라싸Lhasa는 19세기 대부분에 걸쳐서 서구 세계의 상상을 부추기기만 했지 외부인들에게는 알려지지 않았던 곳이다. 1904년 영국의 탐험대 대장인 프랜시스 영허즈번드Francis Younghusband가 라싸 시내에 들어갔을 때, 그는 입성 허가를 받지 못한 채 도시 밖에서 오랜 기간 동안 천막 생활을 하며 시간을 보내고 있던 스웨덴인 탐험가 스벤 헤딘Sven Hedin에게 다음과 같은 전보를 보냈다. "미안하네. 난 지금 자네가 꿈꾸던 도시를 따먹었다네." 점점 더 세속적이고 군사적인 현실이 티베트라는 꿈의 도시 속으로 세력을 확장해 나갔지만, 탐험가 알렉산드라 데이비드네엘Alexandra David-Néel의 탐험기라든지, 비록 지금은 영국인 사기꾼으로 알려져 있기는 하나 당시는 스스로 라마승이라고 주장하며 화제를 모았던 롭상 람파Lobsang Rampa의 출간물 등은 계속해서 '영험한' 티베트라는 이미지를 신빙성 있는 것으로 만드는 데 일조했다. 이러한 견해는 『티베트에 간 땡땡』*Tintin in Tibet* (그림 16 참조)과 같은 만화책들의 유행과 같은 다양한 미디어의 영향 덕분으로 대중문화 속에서도 그 입지를 굳혀 갔다. 이러한 유행이 너무 심해져서 한때 일부 서구 지식인들은 티베트인들은 모두가 다 살아 있는 부처라고 생각하기까지 했다.

모든 티베트 승려들이 불법의 화현이라고 생각했던 사람들에게, 타시 케둡 Tashi Khedrup이라는 승려의 자서전은 실제 사찰에서의 승려들의 생활과 그들이 어떤 동기를 갖고 수행을 하는지에 대한 기존의 생각들을 수정하고, 티베트불교의 실제적 모습을 이해하는 데 한 걸음 더 도움이 되었다. 다른 도반 승려들과 마찬가지로, 타시 케둡 역시 별다른 종교적인 동기 없이 승려가 되었다. 사실 그는 약간 건달기가 있는 인물이었는데, 덕분에 사찰 생활을 시작하자마자 곧 치안을 담당

그림 16. 티베트에 간 땡땡

『티베트에 간 땡땡』은 1960년 처음 출간되었는데, '땡땡의 대모험'(Les Aventures de Tintin)이라는 프랑스어 만화책 시리즈 중 한 권이다. 벨기에 태생의 만화가 에르제(Herge: 본명은 조르주 레미|Georges Rémi)의 작품으로, 주 내용은 '땡땡'이라는 젊은 리포터가 겪는 여러 가지 모험에 관한 이야기이다. 땡땡 시리즈는 현재 한국어를 비롯하여 세계 각국의 50여 개가 넘는 언어로 번역되었으며, 20세기 유럽에서 가장 유명한 만화이다. 서양에서 땡땡의 인기는 대단하여 이에 대한 학술서가 나오기도 했다.

하는 단체인 돕돕dob-dob에 들어가게 되었다. 그의 자서전은 우리에게 그의 종교적인 경험들보다는 싸움박질에 관한 이야기를 더 많이 들려 준다.

달라이 라마는 고대 전통의 대변자의 위치에 있음에도 불구하고 역설적으로 티베트불교에 근대화의 바람을 일으킨 인물이다. 그의 강연과 글을 볼 때 달라이 라마는 불교와 과학 간의 유사점에 대해 많은 관심을 쏟고 있음을 알 수 있다. 특히 그는 최근의 과학적 발견에 대해 큰 관심을

보인다. 그는 또한 관용, 자비, 삶에 대한 존경, 그리고 인간과 세계의 책임에 대해서도 끊임없이 언급한다. 그는 심지어 그가 다시 정권을 되찾게 된다면, 티베트를 군사해제 지역으로 만들 것이며, 그에 따라 티베트는 인류를 위한 일종의 생태적·종교적 안식처가 될 것이라고 선언하기까지 했다. 이러한 이유들 덕분에 그는 1989년 노벨평화상을 받기도 했다. 그의 노력은 (티베트)불교를 일종의 종교적 휴머니즘으로 인식하게끔 만들었으며 특히 '인도주의적' 위기와 현대 과학기술 발전에 따라 제기된 새로운 여러 윤리적 문제들을 불교에서도 고려하게 만들었다. 사실 이러한 것들은 전통 불교적 가치라기보다는 지구촌 문제 해결가로 변신한 자의 저항문화적 가치라 할 수 있다.

달라이 라마의 불교는 티베트에 있는 티베트인들을 대표한다기보다는 망명 중에 있는 티베트인들과 서구인 지지자들과 더 닿아 있다. 망명길에 올라 있는 티베트인들과 이들을 지지하는 서양 세력들은 중국에 관한 것이라면 전적으로 거부하는 경향이 있다. 예를 들어 달라이 라마 측에서는 1989년 판첸 라마가 입적하기 전까지 베이징에서 벌인, 중재자로서 그의 활약상을 폄하하는 경향마저 있다. 이론적으로 달라이 라마는 특정 종파의 종교지도자뿐 아니라 다른 모든 티베트불교의 종파들과도 우호적인 관계를 유지하고 있다. 그러나 그는 엄밀하게 말해 겔룩파 소속의 승려로, 이 종파는 1642년 제5대 달라이 라마가 권력을 잡은 이후 지금까지 정치적·종교적으로 티베트를 지배해 온 세력이다. 이것은 왜 지금까지도 서양인들이 겔룩파에 더 호의를 보이는지를 설명해 준다.

또 우리가 티베트 종교에 대해서 이야기를 할 때, 우리는 티베트의 다른 종교 전통인 본Bön교에 대해서는 별 관심을 기울이지 않는다. 현재의 본교는 티베트에서 불교 이전부터 있어 왔던 '이름 없는 종교'라고 주장하는 이도 있지만, 이 전통은 상당히 후대인 11세기 전후에 형성된 것으로 불교에서 크게 영향을 받았다고 할 수 있다. 이 전통은 특히 닝마파Nyingmapa와 유사한 점이 많으며, 티베트 토착신이 중요한 위치를 차지한다.

프랑스인 티베트학자인 안 마리 블롱도Anne-Marie Blondeau는 『종교의 역사』Histoire des religions라는 책의 한 챕터, 「티베트의 종교」에서 다음과 같이 적고 있다. "달라이 라마와 그 측근들은 티베트불교를 보편적 불교의 틀 안에 놓고 보고자 하는 경향이 강하다. …… 여기에는 외부인들이 티베트불교 외의 비정통적 종교 전통에 더 깊은 관심을 보이는 것을 방지하고자 하는 의도가 보인다. 만약 이러한 경향이 계속된다면 티베트불교는 그것을 가치 있게 만들어 주었던 심오한 본원적 특징을 잃게 될지도 모른다."

그렇게 관용의 정신을 강조함에도 불구하고 달라이 라마가 티베트 망명정부 내 다양한 집단 간의 내분을 항상 막을 수 있었던 것은 아니다. 특히 다음과 같은 경우를 볼 수 있다. 도르제 슉덴Dorje Shugden이라는 이름의 밀교신에 대한 숭배 문제를 둘러싸고 종파 간 갈등이 벌어졌는데, 그는 제5대 달라이 라마의 라이벌이었던 한 라마의 환생으로 달라이 라마의 지지자들에 의해 살해당했다(그림 17 참조). 이 신은 겔룩파와 14대 달라이 라마의 호법신이었는데, 이상하게도 달라이 라마가 그의 다른 호법신들로부터 계시를 받은 후에는 도르제 슉덴 숭배를 일절 금지시켰다. 이러한 결정은 슉덴 숭배자들 사이에 거센 항의를 불러일으켰는데, 이들은 달라이 라마가 슉덴 숭배에 편견을 갖고서 그것을 금지시켰다고 주장한

그림 17. 도르제 슉덴 만다라

티베트불교에서 도르제 슉덴은 호법신으로 널리 알려져 있지만 제14대 달라이 라마는 이를 이단으로 규정, 공식적인 숭배를 금지시켰다. 슉덴파와 이들의 갈등은 현재까지도 계속되고 있어 폭력과 살인 등 사회문제를 야기하고 있다.

다. 위의 이야기는 몇 년 전 달라이 라마의 한 지지자가 살해된 후 전면으로 표면화되었다. 정치적 불화에 관한 이슈라는 점은 차치하고서라도, 이 사건은 여러 티베트불교 종파들 사이, 또 비정통이라고 간주되는 토속신앙과 티베트불교 사이의 팽팽한 긴장관계를 보여 준다.

달라이 라마와 비폭력

승의제에 관련해서 비폭력의 원리는 세속제의 세계에서는 그 명확한 한계점을 드러낸다. 예를 들어 이라크전쟁 발발 초기에 달라이 라마는 다음과 같이 말했다. "어떠한 형태로든 폭력은 잘못된 것이다. 아프가니스탄과 이라크의 폭력에 대해 오직 역사가 이것을 말해 줄 것이다. 현재로서는 아프가니스탄 문제가 긍정적 결과를 가져올지도 모른다고 본다. 그러나 이것은 여전히 안정적이지 못하다. 이라크의 경우는 그것을 말하기엔 아직 이르다."

2003년 10월 보스턴 플리트 센터에서 있었던 또 다른 인터뷰에서, 달라이 라마는 미국의 이라크 침공에 대한 질문을 다시 받았는데, 그는 다음과 같이 대답했다. "앞으로 무엇이 벌어질지에 대해 언급하는 것은 시기상조이니, 몇 년 좀더 기다릴 필요가 있다고 봅니다." 전쟁은 우리가 해결할 수 있는 것보다 더 많은 문제를 야기한다는 점을 전쟁 준비가 한창인 시절 공식적으로 지적했음에도 불구하고, 막상 전쟁이 시작되고 나자, 달라이 라마는 '그의 친구' 조지 W. 부시 대통령을 신뢰한다는 표시를 계속해서 해왔다.

확실히 달라이 라마는 이론적 폭력과 일정 부분 폭력을 필요로 하는 정치적 현실 사이에서 궤변을 늘어놓고 있음을 볼 수 있다. 그는 한 걸음 더 나아가서, 비폭력을 다소 역설적인 의미로 재정의한다. 전쟁 전에 그는 다음과 같이 말했다. "만약 그 동기가 진실되고 긍정적일 때, 그 주변 상황으로 인해 폭력적 행동이 발생한다면, 본질적으로 이것은 폭력이 아닌, 비폭력을 행사하는 것이다." 그리고 "어떠한 경우이든 간에 자신을 위해서가 아니라, 다른 이들의 안녕을 위해서 물리력이 사용되는 것이 그 힘의 행사를 정당화할 수 있는 유일한 길이라고 생각한다." 그러나 여기에서 '다른 이들'은 누구인가? 동맹국인가 적국인가? 어찌 되었든 간에 달라이 라마는 현실 정치적 관점에서는 비폭력의 원리를 그다지 중요하게 생각하지 않는 것 같다. 그러나 티베트의 경우에 대해서는 이 비폭력의 원리를 주장하고 있다. 아마도 피레네 ── 혹은 히말라야 ── 산맥의 한 면은 진리이고 다른 쪽 면은 오류라고 보는 것일까?

왜 그가 이러한 입장을 취하는지에 대해서는 물론 전략적인 이유들이 있을 것이다. 그리고 그는 이라크인들에 대한 동정적 견해와 무고한 생명의 희생에 대한 슬픔을 분명히 표명한 적도 있다. 그럼에도 불구하고 여기에는 선과 악 사이의 어떠한 형태의 중립도 불가능한 것처럼 보이며, 중도의 원리 역시 다소 미심쩍게 보인다. 많은 이들이 지적해 왔듯이, 애초부터 이라크전쟁에 대해 침묵을 지키는 것은 결국 미국정부에 대한 정치적 협조라 할 수 있다. 만약 다른 종교지도자가 중국의 티베트 점령과 티베트 승려들의 억압에 대해서 달라이 라마의 견해를 묻는다면 그때도 여전히 "몇 년 더 기다려 봅시다"라고 여유 있게 말할 수 있겠는가?

세계인들의 마음속에 달라이 라마는 평황의 상징이다. 바로 이 점 때문에, 그가 심지어 미국 정부와의 밀월관계를 깰 수도 있는 위험을 무릅쓰고라도 미국의 선제 공격을 명백하게 비난하지 않았다는 것이 실망스럽다. 달라이 라마의 주저하는 태도는 많은 비난의 대상이 되었는데, 예를 들어 역사가 하워드 진Howard Zinn은 2005년 10월 6일의 어느 인터뷰에서 "나는 달라이 라마의 비폭력주의 옹호, 중국의 지배에 대항해 티베트인의 권리를 옹호하던 그의 모습을 항상 존경해 왔다. …… 그러나 나는 그가 이라크전쟁에 대해서 표명한 견해 ──즉, '몇 년간 좀더 기다릴 필요가 있겠다'라는 언급 ──를 읽고 실망감을 감출 수가 없다. 왜냐하면 이것은 분명하고 명백한 도덕적 문제로, 대대적인 폭력이 수천 명의 이라크인들을 죽음으로 내몰고 있기 때문이다"고 비판한 바 있다. 하워드 진은 계속해서 "달라이 라마가 미국 외교정책의 역사에 대해서 충분히 알고 있는지 궁금하다. 만약에 잘 안다면, 미국의 이라크 침공에 대한 진짜 이유를 이해할 것이고, 지금 벌어지고 있는 전쟁과 점령에 대해 양면적인 태도를 취할 수는 없을 것이다"라고 지적했다.

달라이 라마의 일관되지 않은 정치적 수사는 그의 윗대 지도자들의 정치적 행보를 연상시키기도 한다. 그들은 정치적 힘을 구하고자 안간힘을 썼으며, 그 힘으로 행했던 어떠한 부정행위도 권력으로 금세 털어 버리고자 했다. 선한 의향 그 자체로는 충분치 않다. 좀더 명백한 입장 표명이 필요할 것이다. 지금과 같은 경우 비폭력은 행동하기를 포기하는 것과 같다. 최근 티베트에서 일어난 무력 사태는 비록 많은 티베트인들이 여전히 달라이 라마의 권위를 존중하지만, 그의 이러한 태도가 충분치 않다는 점을 보여 주는 듯하다.

14_불교도가 된다는 것은 선 수행을 하는 것이다?

티베트불교와 함께 선은 서구에 가장 잘 알려진——혹은 가장 그릇되게 알려진——불교 전통이다. 대다수의 서구 불교도들에게 불교는 내적으로 추구하는 길이며, 좌선이 중심이 된다. 알렉산드라 데이비드네엘은 "만약 좌선을 하지 않으면 불교도라고 할 자격이 없다"고까지 했다. 불교미술을 통해서 정착하게 된 불교의 대표적 이미지는 붓다가 좌선에 든 상태의 모습으로, 좌선은 중국, 한국, 베트남, 일본불교의 가장 중요한 부분으로 자리매김해 왔다.

선禪(영어로 Zen)[1]이라는 용어는 산스크리트어 드야나dhyāna의 번역 어로 좀더 구체적으로 말해, 선정禪定의 상태에 들어가는 것을 의미한다. 8세기 초에 선은 북종선北宗禪과 남종선南宗禪, 두 갈래로 갈라진다. '돈오'頓悟를 주장하던 남종선이 이후 선의 정통파가 되는데, 이들은 그들의 라이벌

---

1) 중국어로 'Chan-na'(찬나)라고 발음하며, 축약해서 'Chan'(찬)이라고 하며 서구에서는 일본어 발음으로 알려져 '젠'이 되었다.

북종선을 '점수'漸修라고 하며, 이들의 묵언적 혹은 묵상적 수행법을 비판하였다.

중국의 천태교天台教 전통에서는 좌선을 네 가지 형태의 삼매三昧 중 하나로 설명했다. 이 네 가지 형태란 좌선에 집중하는 상좌삼매常坐三昧, 걷기에 집중하는 상행삼매常行三昧, 좌선과 걷기에 반씩 집중하는 반행반좌삼매半行半坐三昧, 여기에서 다 벗어나는 단계인 비행비좌삼매非行非坐三昧를 말한다. 두번째와 세번째 형태는 정토종 수행에서 잘 알려진 아미타불의 염불에 상응하는 것이다. 네번째는 가장 수승한 형태로 일종의 '적극적인' 좌선으로 매일의 생활에서의 집중을 말한다. 예를 들어 육체적 노동도 선의 수행에 있어서 중요한데, 이것은 다른 불교의 종파들과는 구분되는 선의 한 특징이기도 하다.

어떤 이들은 좌선을 최상의 수행법으로 여기기도 하지만 한편에서는 좌선 또한 방해물이 될 수도 있다. 9세기 임제 의현은 분명한 어조로 묵상적 수행의 유행을 비판했다. "요즘 세상에 어리석은 사람들이 있는데, 그들 머릿속은 쌀알로 가득 차 있다. 그들은 앉아서 선 수행을 함에 있어, 생각의 흐름을 쫓으며, 생각이 일어나는 것을 멈추고자 한다. 그들은 소란스러움을 싫어하며, 적정만을 추구한다. 그러나 이것은 불교도가 따라야 할 길이 아니다!"

임제의 제자들이 너무 많은 시간을 좌선에만 보냈던지, 여기에 대해 임제는 다음과 같이 설명했다. "도를 닦는 자들이여, 내가 밖에서 구할 도는 없다고 말할 때, 초심자들은 내가 한 말을 이해하지 못한 채 곧장 안에서 도를 찾고자 벽 앞에 앉아 혀는 입천장에 붙이고, 절대 움직이지 않고, 마치 이것이 역대 조사들께서 가르친 부처님의 법인 듯 여기며 좌선을 한다. 이건 착각이다!" 그는 계속해서 "내가 보기에, 부처님의 법은 특별한 행위를 하라고 하는 것이 아니다. 무엇인가를 하려고 애쓰지 말고, 평상시대로 행하라. 창자도 한번 비틀어 주고, 오줌도 한번 갈겨 주고, 옷도 입고, 밥도 먹고, 그러고서 힘들거든 누워 잠이나 자라"라고 갈파했다.

하지만 여기서 임제의 통쾌한 언변을 문자 그대로 해석해서는 곤란하다. 그가 좌선을 비난하기는 하나, 좌선은 선 수행승들의 삶에서 중요한 역할을 차지해 왔으며, 특히 일본에서는 조동종이 그러하다. 임제 계열에서는 '공안'公案이라는 방법을 사용해서 좌선을 했는데, 공안이란 일종의 알 수 없는 질문으로 사유를 끊게끔 하기 위한 것으로, 이 수수께끼를 푸는 것이 깨달음에 이르는 것이라고 말한다. 13세기에 임제를 따르던 수행자들은 공안선을 중시했으며, 그들의 라이벌인 조동종의 '묵조선'默照禪 수행을 강하게 비판했다.

일본에서 조동종을 개창한 도겐은 지관타좌只管打坐('오직 앉아 있을 뿐')만이 바른 수행방법이라고 보았다. 하지만 이는 인도적 맥락의 드야나에서는 한참 멀어진 수행방법이었다. 좌선은 더 이상 내 마음 안에서 깨달음을 구하는 것이 아니라, 붓다의 좌선하는 모습을 의례적으로 따라하는 것이 되었다. 수행승들은 앉아서 수행을 하지만 이는 깨달음을 위한 것이라기보다는 붓다가 그렇게 했기 때문에 그들도 그렇게 하는 것이었다. 다시 말해 이러한 좌선을 따라함으로써, 잠시라도 붓다가 체험한 깨달음의 상태를 그들도 체험하는 것이었다.

오늘날 일본에서 좌선 수행은 몇몇 대형사찰에서만 볼 수 있다. 대부분의 선종사찰 승려들은 다른 종파의 사찰들과 마찬가지로 대부분 인근 지역 주민들의 장례식을 치르는 데 시간을 소비한다. 또, 유럽과 미국에서는 일본식 선불교의 전파와 함께 선의 종교적인 측면은 무시되며 대신에 기술적인 측면을 강조하는 경향이 있어 왔는데, 이에 따라 요즈음은 좌선 수행이 마치 인도의 요가와 비슷한 것으로 대접을 받기까지 이르렀다.

스즈키 다이세쓰와 선

서구에서 선의 전파에는 『선불교 에세이』*Essays in Zen Buddhism*의 저자 스즈키 다이세쓰가 큰 역할을 담당했다(그림 18 참조). 스즈키 다이세쓰는 그 앞 세대에서도 그랬지만 특히 1960년대 서구에 큰 반향을 일으켰으며 히피 반문화운동에도 지대한 영향을 끼쳤다. 스즈키는 이렇게 하여 널리 이름을 떨치게 되었고 심지어 서구 세계에서 '선불교의 프랑수아 그자비에St. François Xavier 성인'이라는 별명까지 얻게 되었다. 꽤 재미있는 점은 그자비에는 16세기 일본에서 가톨릭 선교사업을 한 인물이라는 것이다.

스즈키는 그의 서구 독자들에게 선은 그리스도교의 신비주의와 대적할 수 있는 것이며, 또는 동서양을 통틀어 모든 다른 형태의 신비주의보다 더 뛰어난 것으로, 독특한 역사적 현상을 만들어 왔다고 설명했다. 스즈키는 결론 내리길, 선은 철학도 종교도 아니며 간단히 말해 '모든 종교와 철학의 정신'이라고

그림 18. 스즈키 다이세쓰
샤쿠 소엔(釋宗演)의 제자로 서구사회에 본격적으로 선을 전파한 인물이다. 에리히 프롬, 존 케이지, 토마스 머튼 등을 비롯한 당대 서구의 지식인들은 모두 스즈키 다이세쓰를 통해 처음 선을 접하게 되었다

했다. 바로 이 때문에 선은 "큰 물고기, 작은 물고기 모두 큰 바다에서 만족하며 살 수 있듯이" 불교도건 그리스도교인이건 어떤 이도 수행할 수 있다고 보았다. 이 비유에서 선은 큰 바다로 비유되는데, 선 수행을 하는 것은 로맹 롤랑이 말한 바 있는 '대해적 감정'oceanic feeling을 불러일으키는 것으로 이는 저 드넓은 실재 속으로 점점 사라져 버리는 것을 의미한다. 정신분석학을 확립한 프로이트는 대해적 감정이라는 개념을 일종의 원초적 자아도취증으로 보았다. 한편 스즈키는 선에 대한 정신분석학적 접근에도 큰 영향을 주었는데, 왜냐하면 그는 선 수행의 목표 상태인 '무심'無心을 '무의식'unconscious 으로 영역했기 때문이다. 이렇게 스즈키는 선의 종교적 성향은 쏙 빼 버리고, 선을 일종의 치유 체계로 변형시켜 포장했다. 허나 위에서 계속 보았듯이 이러한 불교에 대한 자의적 해석은 일반적으로 불교 구석구석에서 쉽게 찾아볼 수 있다.

선의 보편적 특성을 강조하면서 스즈키는 또 선이 중국에서 발달하게 된 것 역시 분명히 했다. 하지만 그는 선이 완전하게 꽃을 피울 수 있었던 것은 그것이 일본문화와 만났기 때문이라고 보았는데, 자신의 이 주장이 모순된다는 점에 대해서는 별로 개의치 않았던 듯하다. 『선과 일본문화』Zen and Japanese Culture라는 그의 다른 저작 역시 유럽과 미국에서 큰 영향을 끼쳤는데, 여기서 스즈키는 선의 순수한 직관적 특성을 서구의 합리성과 대조시키며, 교양 없는 서구의 문화에 대해 교양이 넘치는 일본문화의 우수성을——1945년에!——확립했다. 스즈키는 태평양전쟁 당시 일본의 책임에 대해서는 언급하기를 꺼려했으며 거꾸로 그는 히로시마와 나가사키 원폭을 서구 지성주의의 결과물로 이해했다. 스즈키는 "지식인들이 저 원자폭탄의 단추를 눌렀으며, 나가사키는 도시 전체가 완전히 다

파괴되었다"고 했다. 스즈키는 전쟁과 파괴의 주된 원인이 무엇인지 찾을 생각은 안 했던 것 같은데, 이는 그가 그의 책 전체에서 찬양하고 있는 사무라이문화와 맥락을 같이한다.

당시 많은 이들에게 고전으로 여겨졌던 스즈키의 책 서평에서 중국학 학자 폴 드미에비유Paul Demiéville는 다음과 같이 말한다. "실제 이 나라[일본]의 모든 문화는……선과 관련해서 해석되었는데, 여기서 선은 심미적인 것(그림, 시)과 일본 군국주의 모두를 이해할 수 있는 마스터키이다." '선 예술' 가운데에서 스즈키는 궁술에 큰 관심을 쏟았다. 1953년 또 다른 문제적 고전이 된 오이겐 헤리겔Eugen Herrigel의 『활쏘기의 선』Zen in der kunst des bogenschiessens의 서문에서 스즈키는 '독일 철학자의 이 놀라운 책'을 치켜세우는데, 아마도 헤리겔이 예전에 나치즘에 동조했다는 사실은 모르는 듯하다. 어떤 경우이든 간에, 이상하리만큼 전도된 선의 유행 속에서 일본문화는 그 문화 전체가 일종의 형이상학적 원리인 선이 구체화된 것이라고 서구에 알려지게 되었다.

스즈키의 견해는 일본에서도 큰 반향이 있었는데 그의 동료 철학자이며 소위 교토학파의 개창자인 니시다 기타로西田幾多郞, 1870~1945에게 영향을 끼쳤다. 니시다는 태평양전쟁 전에 썼던 『일본문화에 대한 물음』The Question of Japanese Culture에서 일본 정신의 본질을, 자아도 타자도 사라지게 되는 지점으로 도달하기 위한 모든 것과 합일하려고 하는 노력으로 정의하고 있다. 불이적 세계로의 도달이 니시다가 말한 '순수 경험'에 해당하는데, 이는 황제와 일본제국을 위해 자신을 희생해야 한다는 논리를 자연스럽게 정당화시켰다.

선은 사무라이들의 종교인가

스즈키 이후 '무사도'武士道라고 하여, 서구인들에게는 선이 마치 무사, 즉 사무라이의 종교인 듯 알려졌다. 스즈키는 이것이 역사적 사실을 설명한 것이라고 주장할지 모르나, 이것을 다시 한번 자세히 살펴볼 필요가 있다.

여기에서도 역시 이론과 실제의 간격은 상당하다. 사무라이들이 따라야 할 의무조약들이 만들어지고 있었던 18세기는 전장에 나가서 싸움하던 시절이 한참 지난 후였다. 1600년 권력을 장악하게 된 도쿠가와 막부德川幕府는 이전 시대와는 완전 반대로 마침내 일본의 오랜 평화의 시작을 알리는 시대였으며, 이후에는 전쟁이라고 해봤자 그다지 많지 않았다. 사무라이들이 순수한 선의 정신 때문에 죽음에 대해서 아무런 두려움도 느끼지 않는다고 하는 것은 이론일 뿐이다. 당시 경제적으로 궁핍하고 딱히 할 일도 없었던 사무라이들은 단순 근로자가 되거나 그저 백수로 지냈다. 메이지정부가 들어서고 정부가 이들의 사무라이 지위를 해제하기 전까지 사무라이들은 단지 그들이 가지고 있던 무기밖에 자랑할 게 없었다. 스즈키와 그의 지지자들이 주장했던 것처럼 선을 마치 무술처럼 여겼던 사무라이들은 일본의 제국주의 열망 속에서 그 돌파구를 찾았다.

실은 이미 중국에서부터 비슷한 전통이 있었는데, 전설적인 인물인 보리달마菩提達磨 또한 소림사권법少林寺拳法으로 알려진 전통무술의 개창자로 간주된다(그림 19 참조). 이 무술의 이름은 중국 송산松山에 있는 소림사少林寺에서 따온 것이다. 소림사는 당시 중국의 수도 낙양洛陽에서 그리 멀지 않은 곳이었는데 이곳은 인도에서 온 승려였던 보리달마가 6세기경에 주석駐錫했던 곳이라고 한다. 실제로 이 소림사권법 전통은 보리달마

시절 이전으로 몇 세기 전까지 소급할 수 있는데, 보리달마 이전의 기록에 대해서는 남아 있는 것이 별로 없다.

선과 무술에 관련한 수많은 판에 박힌 이야기들은 현대에서도 여전히 쉽게 찾아볼 수 있다. 무술과 자비가 양립할 수도 있다고 보는 부뤼노 에티엔Bruno Etienne과 라파엘 료쥐에Raphaël Liogier의 견해에 따르자면 무술의 강력한 힘은 "삶을 평화로운 전투로 만든다. 여기에서 전투란 특히 '무술'을 포함한 내적인 전투를 말하는 것으로 모든 활동이 평화를 위한 기술이 되는 곳이다." 하지만 이렇게 무술에 대한 피상적이고 고매한 견해는 싸울 거리가 거의 없는 사람들에게나 맞는 것이

그림 19. 갈대로 양자강을 건너는 보리달마
「노엽달마도강도」(蘆葉達磨渡江圖)의 하나로, 이는 달마가 갈대를 타고 양자강을 건너는 모습을 그린 그림을 말한다. 달마는 양무제와 담판을 짓고 나와 소림사로 가기 위해서 갈대를 타고 양자강을 건넜다고 한다.

다. 실제 전쟁판에서 벌어지는 전투는 이러한 견해와는 차이가 있으며 그다지 고상하지도 못하다.

선과 무술이 본래부터 연결되어 있다는 주장은 다소 과장된 것으로, 13세기부터서야 무사도는 선 수행의 방법이 되었다. 중세 일본의 쇼군이 선종에 귀의했던 것에 비해 일반 무사들은 정토종에 더 가까웠다. 왜냐하면 정토종에서는 아미타불이 서방정토에서의 극락왕생을 보장해 주기 때문이다. 따라서 정토종은 죽음도 무시해 버리라고 가르치는 엘리트주의

적인 선불교보다는 더 와닿을 수 있었고, 일단 아미타불을 믿기만 하면, 내세에 어디서 태어나느냐 하는 어려운 문제도 피할 수 있는 듯해 보였다. 그러나 이것이 다는 아니었던 것 같다. 다소 역설적이게도, 실제로 중세부터 일본에서의 선은 일종의 '장례불교'가 되었다. 이는 생과 사는 동일하다고 하는 선불교적 이해에서 비롯된 것이라기보다는, 장례 의식이 가져다주는 효험에 대한 믿음이 선이 인기몰이를 할 수 있었던 더 주요한 이유였다.

3부 | 불교와 사회

15_불교는 관용의 종교인가?

불교문화에서 가장 숭고한 이상은 관용과 자비의 정신이다. 이러한 관용과 자비의 정신으로 불교는 2,500년이 넘는 긴 역사 동안, 다른 종교에 대한 박해를 한 번도 가한 적이 없었고, 불교로 개종시키기거나 불교를 전파하기 위해 단 한 방울의 피도 흘린 적이 없다. —월폴라 라훌라, 『붓다의 가르침』

일반적으로 불교는 관용을 가르치는 종교 중 하나, 혹은 그게 아니라면 바로 관용의 종교 그 자체라고들 한다. 불교에는 근본적인 교조도, 조직의 절대적 권위도 없다. 바로 이러한 점들이 정통주의 혹은 불교 '근본주의'에 대해 말을 꺼내는 것을 어렵게 만든다. 하지만 실제 우리가 믿는 것과는 달리 불교도들의 사이가 언제나 화목한 것은 아니었으며, 역사 속에서 수차례 교리를 둘러싼 마찰이 있었다. 중국과 일본불교에서는 기원후 8세기부터 13세기에 걸쳐 단일 수행 전통을 확립하고자 하는 시도들이 있었는데 예를 들어 선 수행이라든지 염불 수행이라든지가 그러한 것이었다. 이들은—의례, 기도와 같은—여러 다른 수행법은 불필요하다고 보았으며, 한편으로는 자신들의 수행 전통 안에 모두 포함시키고자 했다.

하나의 원리가 있다는 생각은 단일한 세계가 있고 이곳은 어떠한 차별도 소멸되었으며 악이란 더 낮은 단계의 존재 형태의 단순한 환영일 뿐이라는 견해를 갖게 한다. 타인에게 베푸는 관용은 이 타자성이 동일성으로 환원될 때에만 존재한다. 예를 들어 『법화경』과 같은 경전 속에서는 대승의 포용성을 찬양한다. 하지만 같은 경전 속에서 그 이전의 전통에 대해 자신들보다 열등한 '소승'이라고 폄하적 발언을 하며 정치적 선전을 벌이는 모습도 동시에 찾아볼 수 있다. 『법화경』은 일본 일련종에서 나온 재가신도 단체인 창가학회創價學會에서 중요하게 취급하는 경전인데, 이 창가학회는 특히나 종파적 성향이 강하며 그들의 가르침의 전파에 열성적인 단체이다.

역사적 전개 속에서 불교는 이러한 방식으로 이론적 변형을 해왔다. 인도에서 시작한 불교가 다른 문화와 접촉하며 갖게 된 가장 큰 문제점은 특히 동아시아로 전파해 가면서부터 시작되었다. 많은 이들이 불교는 토착 종교에 대해 관용적이었다고들 알고 있다. 그러나 실제로는 좀더 완벽한 우위를 차지하기 위한 노력으로 점철되었다. 즉, 불교가 전래된 이래, 그 이전까지 가장 높게 받들어지던 토착신들은 불교의 신으로 개종되었고, 다른 나머지 신들은 적절한 불교 의례들을 통해서 복종시키거나 파멸되어야 할 악귀 정도로 그 서열이 강등되었다. 물론 불교경전에서는 이러한 과정들을 그 토착신들이 자발적으로 불교에 귀의한 것으로 묘사한다. 그러나 실제는 이와 다소 거리가 있다. 불교의 전파에 방해가 되었던 토착 종교를 불교에서 제거하고자 노력했던 흔적들이 여러 이야기들 속에 고스란히 남아 있다.

그림 20. 인도 승려 파드마삼바바
연꽃에서 태어났다고 전해지는 파드마삼바바는 8세기, 티베트와 부탄 인근 지역으로 밀교를 전파한 인물로 알려져 있다.

인도 승려 파드마삼바바Padma Sambhava는 이러한 방식으로 티베트의 '평화를 회복'시켜 주었다(그림 20 참조). 그는 강력한 힘으로 모든 티베트의 토착 '악귀'들——실제는 티베트 고대의 신들——을 눌렀다고 한다. 첫번째 티베트의 불교 군주였던 손챈 감포Songtsen Gampo는 티베트 전 지역을 뒤덮고 있던 여귀女鬼를 퇴치했다고 한다. 왕은 여귀의 몸의 열두 급소에 탑을 세움으로써 꼼짝 못하게 '못질'했다고 한다. 라싸에 있는 조캉Jokhang 사원은 티베트불교에서 가장 성스러운 곳으로 여겨지는데, 이는 위에서 말한 여귀의 몸의 중심부, 즉 그녀의 성기의 위치로, 조캉 사원은 이 위에 자리하고 있다.

유사한 이야기를 비로자나불의 여러 모습 중 분노의 모습으로 나타난 신인 바즈라파니Vajrapāni(금강수보살)가 마헤슈바라Maheshvara신(대자재천)을 정복했다고 하는 신화에서 찾을 수 있다. 마헤슈바라는 힌두신화에서 중요 신인 시바의 여러 이름 중 하나이다. 허나 시바는 불교에서는 악귀로 강등되었는데, 왜냐하면 시바는 자신이 모든 존재의 주재자라고 주장하며 불교로 전향하기를 거부한 큰 죄를 지었기 때문이다. 그의 거만함으로 인해 결국 시바는 죽음으로써 응징당했다. 이를 흔히들 완곡히 표현해서 바즈라파니가 그를 '해방'시켰다고도 한다. 이를 본 다른 악귀들(실제로는 힌두교의 신)은 불안감에 휩싸여 싸우기조차 포기하고 자동투항했다고 한다(그림 21 참조).

스리랑카와 동남아시아는 상좌부불교 국가로 비록 상징적인 폭력은 드러나게 보이지만 토착 문화와 불교의 습합 과정은 덜 무자비해 보인다. 11세기 버마의 왕, 아나와랏타Anawrattha가 행한 개혁은 아주 전형적인 경우이다. 여기서는 적어도 나스naths라고 하는 토착신들이 공인되지는 않았더라도 한 사찰 안에 모두 모셔지게 되었다. 하지만 여기에서도 대부분의 토착신들은 공식적 숭배의 위치에서 쫓겨나게 된다.

일본에서도 역시 수많은 토착신들이 불교로 개종했다는 이야기를 찾을 수 있다. 나중에는 여기에 대해 세련된 표현이 등장하는데, 이는 '본체와 그 현현'(본지수적本地垂迹)의 이론으로 알려져 있다. 이 이론에 따르면 일본의 수많은 신, 즉 가미神는 단지 신이 일본 땅에 모습을 나타낸 수적일 뿐으로, 그들의 본체는 붓다라는 것이다. 이는

그림 21. 바즈라파니(금강수보살)
둔황에서 출토된 그림으로 9세기경 제작되었다. 현재 런던 대영 박물관에 소장되어 있다.

더 이상 가미가 불교로 개종할 필요가 없으며 이미 본질적으로 붓다라는 것을 의미한다. 역설적으로, 불교적 사유에서 기인한 절대성이라고 하는 개념으로 소위 '고대' 신도神道라고 하나 실은 후대에 새롭게 형성된 종교

인 신도를 연구하는 이론가들은 나중에 이러한 불교적 통합의 형태를 다시 문제 삼게 될 수 있었다.

이 신도근본주의로 인해 메이지 초기(1868~1873) '문화혁명'의 시기 메이지정부는 불교를 '외국 종교'로 몰아세우며 수많은 사찰을 파괴하고 몰수했다. 이로 인해 불교 역시 근대화의 색조를 띠고자 일종의 순수주의에 몰두하게 되는데, 이 과정에서 근대적이지 못한 토착문화는 '미신'으로 배척당했다.

불교의 이단들

모든 종교적 교리는 자신의 정체성을 '다른 종교'들과의 관계 속에서 정의 내린다. 그리스도교는 다른 이교도들과의 끊임없는 전쟁의 역사 속에 자신의 교조와 정통성을 정의 내려 왔다. 그리스도와는 달리 불교는 교조와 정통을 엄격하게 주장하지 않는데, '정통적 수행법' 혹은 '올바른 수행법'을 주장하는 정도였다. 불교는 하나가 아니라 여러 개의 불교들이 있다고 할 수 있다. 이런 다양성이 가능한 이유는 그리스도교나 이슬람교와는 대조적으로 중앙의 권위가 부재한다는 점이 큰 몫을 차지한다. 이는 또 불교의 세속제가 개개인의 근기에 따라 달리 적용된다는 믿음 때문이기도 하며, 따라서 세속제의 가치란 순전히 실용적인 것, 일종의 방편이라고 하는 생각과 맞닿아 있다. 그러므로 불교에서 종파주의적이거나 광신도적인 움직임을 찾아보기란 힘들다. 하지만 일본 중세는 여러 종파 불교들의 발전과 함께 여기에 반대되는 상황을 보여 준다. 일본불교의 종파적 성향은 니치렌과 그의 제자들에게서 가장 두드러지게 나타난다. 일런교도들은 다른 종파인들과 어떠한 유대도 거부하며, 결국은 쇼군에게도 복종할 것을 거부했는데, 이 덕분에 그들은 제거의 대상이 되었다. 그러나 이러한 광신도적인 행위는 불교를 전체적으로 본다면 아주 흔한 것이기도 하다. 흥미롭게도 일본의 그리스도교들에서도 이러한 비타협적인 태도를 볼 수 있다.

종교재판관은 없었지만 불교에도 항상 이단은 있어 왔다. 고대의 역사가들은 불교의 '이단'을 지적해 왔는데, 붓다가 침묵하게 만들었던 '육사외도'六師外道의 경우가 그 예이다. 특히 교단의 분리를 시도했던 데바닷타Devadatta 와 마하데바Mahādeva의 경우도 여기에 속한다. 데바닷타는 붓다의 사촌이었는데, 이러한 연유로 불교계의 유다Juda로 불린다. 데바닷타는 붓다에 대한 질투심 때문에, 불교 교단에서 정의한 다섯 가지 큰 죄란五逆罪 가운데 세 가지 죄목인 살아라한殺阿羅漢, 출불신혈出佛身血, 파화합승破和合僧을 저질렀고, 그는 결국 산 채로 지옥으로 굴러 떨어지게 되었다.[1] 그러나 그를 따르던 분파는 기원후 7세기 인도에서 여전히 살아 남아 있었다고 현장법사玄奘法師, 602~664는 『대당서역기』大唐西域記에 기록하고 있다. 현장에 따르면 데바닷타의 본래 죄목은 수행에 좀더 엄격한 접근을 하자는 주장을 펼친 것이며 특히 그는 채식주의를 엄밀하게 지킬 것을 주장했다

---

1) 이 사건은 붓다의 말년에 일어났는데, 데바닷타는 붓다에게 5개 항목을 제시하며 교단의 개혁을 요구했다고 한다. 예를 들어, 숲에서의 수행, 탁발행, 검소한 의복, 채식 등이 그 내용이었는데, 붓다는 이 데바닷타의 개혁을 거부했고, 데바닷타는 붓다의 교단에서 처음으로 분리해 나갔다. 따라서 정통파 경전에서 데바닷타는 악역으로 그려진다. 여기서 말하는 다섯 가지 큰 죄란 ①어머니를 살해하는 것(殺母) ②아버지를 살해하는 것(殺父) ③아라한을 살해하는 것(殺阿羅漢) ④부처님의 신체에 상처를 입혀 출혈시키는 것(出佛身血) ⑤교단의 화합을 깨뜨리는 것(破和合僧)을 말한다. 만일 이와 같은 죄를 지으면 무간지옥(無間地獄) 즉, 고통이 끊임없는 지옥에 떨어진다고 경전에서는 설명한다.

그림 22. 다치카와 만다라

에도 시기에 그려진 만다라로 『삼계일심기』(三界一心記)에 수록되어 있다. 다치카와 류 관련 문헌은 14세기에 모두 폐기되었으나, 다치카와 류를 비판하는 다른 종파들의 문헌에 종종 인용되어 있어, 다치카와 류에 대해 간접적으로 알 수 있다.

고 한다.

마하데바는 아라한이 갖고 있는 다섯 가지 의혹인 오사五事[2]를 제기한 것으로 잘 알려져 있다. 하지만 승려들 사이에 여기에 대한 이견이 생김으로 해서 결국 승단의 분열을 가져왔다. 이것이 대승 전통의 형성에 하나의 단초를 제공한 점은 역사의 뒤 페이지로 묻히게 되었고 후대의 전통에서 마하데바는 결코 좋게 기록되지 않았다. 즉, 후대의 기록들은 그를 나쁜 행위를 모두 골라서 저지른 자로 기록하고 있는데, 예를 들어 마하데바가 비구가 되기 전 그의 어머니와 근친상간을 하고 아버지를 살해했다고 하며, 그를 신랄하게 비난하고 있다. 그러나 마하데바가 제기한 불교 해석의 문제 그 자체로 놓고 볼 때 그를 이단이라고만 몰 수는 없다.

이렇게 '이단적' 이라고 하는 여러 교리들이 존재했음에도 불구하고, 유일하게 당대인들과 일본 역사가들이 이구동성으로 입을 모아 '이단'이

---

2) '대천(大天 ; 마하데바)의 오사'라고도 하며, 이는 북방불교의 전승에 따른 내용이다. 다음의 다섯 가지가 그 내용이다. ① 탐욕을 벗어난 아라한은 알고서 음행을 하는 일은 없어도 천녀에 의한 몽정과 같은 일은 있을 수 있다(餘所誘). ② 무명을 끊은 아라한도 자신이 이전에 가 보지 않은 장소의 이름이나 처음 만나는 사람의 이름은 알지 못한다(無知). ③ 아라한도 처음 보는 물건의 이름이나 사람에 대해 의심이 있을 수 있다(猶豫). ④ 스스로 아라한과를 얻었지만 스스로 알지 못하고 다른 사람이 알려 줌으로써 자각하는 경우가 있다(他令入). ⑤ '아 괴롭구나' 하는 소리를 밖으로 내어 무상·고·무아 등을 통절히 느끼고 성도에 들어가는 일이 있다(道因聲故起).

라고 하는 이들은 다치카와 류立川流이다. 다치카와 류는 두 명의 진언종眞言宗 승려, 니칸仁寬. ?~?과 몬칸文観. 1281~1357이 설립한 밀교 전통이라고 전해진다. 다치카와 류를 반대했던 이들의 문헌에 따르면, 다치카와 류는 '바로 이 몸으로' 붓다가 되는 즉신성불即身成佛을 이루는 최상의 방법으로서 성적인 결합을 할 것을 주장했다고 한다. 이러한 형태의 밀교는 인도-티베트불교에서도 완전하게 정통은 아니었지만, 어느 정도 받아들여졌던 부분이었는데, 다치카와 류는 일본불교에서는 강한 물리적 저항을 불러일으켰다. 이는 일본불교도가 인도나 티베트불교도들보다 더 순결주의자라는 의미가 아니다. 다만 이는 다른 사회정치적 맥락에 따른 것으로 볼 수 있다. 결국 다치카와 류는 14세기에 들어서 금지되었다. 그 종단은 사라졌지만, 다치카와 류는 에도 시기 민간에서뿐 아니라 황궁에서건 공식 인가를 받은 다른 불교 종파들에서건 할 것 없이 사회 전반에 걸쳐 영향을 끼쳤다(그림 22 참조).

16_불교는 자비를 가르치는가?

불교가 추구하는 가치들 가운데 자비는 서양인들이 가장 존경해 마지않는 덕목이다. 대중매체가 잘 홍보해 준 달라이 라마의 이미지 덕분에 자비는 불교의 트레이드 마크가 되었다. 그리스도교의 자비가 (포교가 가능한 존재인) 인간에게만 한정된 것과는 달리, 불교에서 말하는 자비는 모든 살아 있는 존재들을 다 아우른다. 초기 불교에서 말하듯, 이와 같은 생각은 윤회에 대한 믿음에 기반을 둔 것으로 업의 법칙에 따라 살아 있는 존재는 모두 인간과 인간이 아닌 형태로 다시 태어난다고 보았다. 대승불교에서는 심지어 보잘것없는 지렁이조차도 붓다의 성품을 갖고 있다고 보았다. 우리 안에 있는 불성의 실현으로써 자비는 모든 존재가 서로 다 연결되어 있음을 드러낸다. 이런 의미에서 자비란 윤리적 의무가 아니라 존재론적 실현이라 할 수 있다.

초기 불교에서부터 이미 자비는 중요하게 다루어지지만, 특히 그것은 기원 전후 대승불교의 등장과 함께 불교 교리의 전면에 깨달음을 이루기 위한 가장 중요한 요소로 조명받게 되었다. 자비는 보살이 깨달음에 이르기 위해 걸어가야 할 긴 여정 중에 가장 처음부터 닦아야 할 덕목이다. 보살은 모든 존재들에게 실은 자아라 할 만한 것이 없고 따라서 중생들의 고통은 허망한 것임을 알지만, 자비의 마음을 일으켜 모든 존재들을 구할 때까지 자기 자신은 이 욕망이 가득한 세계에 남아 있겠다고 서원한 이들이다. 불교의 자비가 갖는 이러한 역설은 『금강경』金剛經의 다음과 같은 구절에서 잘 설명해 준다. "만약 보살이 중생이 있다고 하는 마음을 낸다면 그는 더 이상 보살이 아니다."

그러나 여기에는 다음과 같은 역설이 존재한다. 이론적으로 자비 역시 욕망이다. 우리는 불교 수행은 모든 종류의 욕망을 제거하는 것이 목적임을 안다. 그렇다면 어떻게 함께 고통을 나누고자 '욕망'할 수 있으며, 또 어떻게 본질적으로 허망한 존재인 모든 중생들에 대해 보살행을 할 수 있는가?

불교의 자비는 일탈적 행위를 정당화시키기도 한다. 만일 행위의 이면에 어떤 동기가 있었는지를 살핀다고 한다면 행위 그 자체로는 선하거나 악하지 않다. 만약 동기가 선하다면 그 행위는 비록 나쁜 행위로 비춰질 수 있어도, 부정적인 업의 결과를 낳지는 않는다. 그러므로 보살이 창녀촌에 가서 창녀들에게 법을 설하는 것이 가능하다. 오르가즘을 통해서 남성들을 깨달음으로 이끌었다는 매춘부로 화현한 보살의 이야기도 있다. 관음보살이 아름다운 젊은 여성의 모습으로 나타나 그녀와 함께 잠자리를 가진 모든 남자들을 깨달음으로 이끈다고 하는 경전도 있다. 비록 건전한 동기에서 출발했음에도 불구하고 이러한 자비행은 보통의 보수적인 불교도들의 눈살을 찌푸리게 한다.

자비로운 폭력

폭력에 의지하는 것은 자비를 근간으로 한 불교 정신에 어긋나는 것처럼 보인다. 윤리를 크게 강조하는 대승불교는 특유의 모순어법, 즉 '자비로운 마음에서 우러난 폭력'이라는 다소 역설적인 표현으로 이러한 모순을 피하고자 한다. 이것은 다른 식으로 표현하자면 만일 다른 이들이 구제될 수 있다면 살인마저도 용인될 수 있다는 것이다.

또 실제로 일부 경전에서는 특별한 상황 속에서 자비심이나 방편에 의한 살인은 용인하고 있다. 만일 어떤 자가 타인을 살해하거나 불교도에게 해를 입혔다면 보살이 이 자를 죽이더라도 이것이 과보가 되지 않는다. 혹은 보살이 이 자를 죽이는 것은 자비심으로 행해진 것이므로 이 자는 죽어도 하등의 상관이 없다. 왜냐하면 보살은 이 자가 지옥으로 떨어질 수도 있는 나쁜 업을 짓기 전에 이것을 막아 준 것이기 때문이다. 이러한 불교의 입장은 붓다의 전생담에서부터 찾아볼 수 있는데, 한 경전에 따르면 붓다는 전생에 도적을 죽였다고 한다. 그러나 이는 500명의 상인들의 목숨을 구하기 위해서였으며 또 이 도적이 살인으로 인해 지옥에 떨어지는 것을 미연에 막아 주고자 했던 것이라고 한다. 이러한 경우들에서 볼 때, 극단적인 폭력이라도 이것이 다수를 위해서라면 정당화될 수 있으며, 죽은 이에게 그 죽음이 이로운 것일 뿐 아니라, 이 살인 행위 자체도 칭찬받을 만한 일이 될 수 있다는 것을 알 수 있다. 이러한 개념은 수많은 정치적 처형을 합리화하는 데 사용되었다. 이러한 개념은——이들이 승단의 율을 만든 이라는 점에서는 그다지 소수라고 할 수 없음에도——소수의 전통이라며 무시해도 괜찮다고 생각했던 여러 서구 학자들의 믿음과는 상반되게도, 이는 사실 대승불교를 비롯한 불교 전통 구석구석에 널리 퍼져 있었던 것이다. 실제로 어떠했든 간에 우리가 알고 있는 한도 내에서, 어떤 것이 다수이고 어떤 것이 소수이며, 어떤 것이 '근본불교'인지 어떤 것이 '탈선'인지 가리기는 어려운 듯하다.

현대사회에서 다수의 생명을 위해서 한 사람의 목숨이 희생될 수 있는지 없는지에 관한 문제는 익숙한 논쟁거리이다. 우리는 매일 뉴스에서 이스라엘과 이라크 문제에 관련된 테러리스트들의 소식을 접할 수 있다. 문제는 도적을 죽이는 것보다 제압할 수도 있었던 중간적 해법의 가능성이 있음에도 불구하고 여기서는 이러한 가능성조차 제기되지 않는다는 점이다.

어찌 되었건 간에 위에서 붓다가 보여 준 모델은 누구나 예외적인 상황에서는 폭력을 사용해도 괜찮은 예외적 개인이 될 수 있다는 가능성을 열어 놓았다. 이것은 윤리적 관점에서 이중의 잣대를 들이대고 있음을 보여 주는데, 즉 다른 이의 경우에 충분히 지탄을 받을 수 있는 행위라도, 어느 단체의 한 개인이 똑같이 행동하는 것은 괜찮다고 용인하는 태도가 이것이다.

상좌부 전통에서는 자비심으로 사람을 죽이는 것은 불가능하다고 본다. 자비의 마음을 가진 사람이라면 살인은 상상도 할 수 없는 일이다. 오직 증오와 망상의 악한 뿌리가 살인하고자 하는 마음을 일으키는 것이며, 이것의 뿌리는 실제 존재하지 않는 것이다. 여기에 대조적으로 대승불교에서 보는 자비는 자비로운 살인이라는 생각을 지지하는 듯하다. 밀교에서 승려들은 악귀들을 '자유롭게' 할 의무가 있는데, 이것은 앞에서도 보았듯이 그들을 죽이는 것을 완곡하게 표현한 것일 뿐이다. 이와 유사하게 때로 자비는 전쟁 시 적들을 악한 존재 상태에서 '해방시키는' 도구로도 사용되있다. 일본의 승병 전통도 이러한 맥락에서 이해할 수 있다.

달라이 라마의 자비를 향한 메시지는 동서양의 수많은 이들에게 큰 반향을 일으켰다는 점을 부인할 수 없다. 문제는 이 메시지가 대중매체에서 얼마나 자주 선전되고 반복되었는지를 고려할 때, 이것이 불교 전체를 대표하는 것인지 혹은 심지어 티베트불교라도 대표하는 것인지라는 점이며, 또 여기에 왜곡은 없는지 하는 점이다. 다른 한편으로 우리는 어느 만큼 그것이 현대사회의 요구치에 —— 적절하게, 그리고 문화적 다양성을 포용하며 —— 응답하는가 하는 점을 물을 수 있을 것이다. 하지만, 이 세계란 미국 대통령이 '자비로운 보수주의'를 말해야 할 압박을 느끼는 곳이며, 자비가 선거전에서 귀중한 자질로 여겨지는 곳이기도 하다.

17_불교는 평화의 종교인가?

세계 어느 곳에서 아소카왕과 같이 전 생애를 회환과 속죄를 느끼며 전장에서 그의 삶을 소비한 군주를 찾을 수 있겠는가?

—앙리 미쇼Henri Michaux, 『아시아의 야만인』*Un barbare en Asie*

만일 세상이 광신도적인 이슬람의 폭력에서 모면될 수 있었더라면, 그들(그리스도교와 불교)은 세상에서 평화롭게 공존할 수 있었을 것이다.

—알프레드 푸셰Alfred Foucher, 『붓다의 삶』*The Life of the Buddha*

서구 세계가 새로운 '성전'의 가능성에 직면하게 된 시대에 불교는 평화를 지향하는 종교의 예를 보여 주는 듯하다. 왜냐하면 자비와 비폭력은 불교의 대명사이기 때문이다. 이 '비폭력'이라는 개념은 산스크리트어 '아힘사'ahimsa의 번역으로 다른 이들에게 해를 끼치거나 다른 이를 죽이는 것을 금하는 것이다. 이 아힘사는 붓다의 가르침과 그가 살던 시대의 인물로 자이나교를 세운 마하비라의 가르침에서도 찾을 수 있다. 인도에서는 근본적인 도덕률로 자리매김해 왔던 이 비폭력이라는 개념은 다른 사회로도 알려지게 되었는데, 이는 특히 간디Mahatma Gandhi, 1869~1948 덕분이다. 간디는 증오와 사악함을 다 뿌리 뽑고자 이 개념에 좀더 광의적 해석을 적용했다. 힌두교에서 이 원리는 아트만이 결코 파괴될 수 없는 대신에 자아는 다른 삶으로 계속 옮겨 간다는 생각과 연결이 된다. 본질적으로 아트만은 모든 것의 근본 원리인 브라흐만과 동일하다. 자이나교에서 아힘사는 절대적인 어떠한 것이며, 그것의 적용에는 엄청난 에너지의 소비가 필요하다고 본다.

불교에서는 아힘사의 해석에 있어서 자이나교보다는 좀더 온건한 태도를 취한다. 조금 다른 형태로 불교에서 이 개념은 모든 생명 있는 것들을 죽이지 말 것으로 이해되었으며, 이는 『율장』에 포함되어 있다. 율은 자발적으로 지켜져야 하는데 불교 윤리에서는 동기가 중요하기 때문이다. 이러한 맥락에서 볼 때, 살인은 본질적으로 명상과 깨달음에 방해가 되는 것이다. 여기서 자비는 부차적인 역할을 맡을 뿐이다.

아힘사를 기본적인 도덕 원리로 정당화하는 논리를 살펴보면, 우주는 우리 모두가 그 전체를 구성하기에 다른 이에게 해를 끼침으로써, 자기 자신 역시 해친다고 한다. 혹은 다른 이에 대한 폭력은 도덕적 오염이라는 생각도 있다. 물론 내가 남한테 안 당하고 싶은 것을 남에게도 하지 않도록 한다는 기본율도 여기에 포함된다.

이 모든 논리들은 불교의 도덕률 구성에 반영이 되었는데, 여기서 본질적인 문제는 여전히 업의 문제이다. 업의 법칙은 폭력이 폭력을 부른다는 것을 의미한다. 그 결과 도덕은 업의 인과율을 의식하는 것이 된다. 한편으로 폭력은 존재의 일반적 특징 가운데 하나이다. 또 다른 한편으로, 폭력은 윤회의 바퀴를 벗어나기 위해, 그리고 깨달음 혹은 니르바나를 얻기 위해 피해야 할 것으로 인식된다. 그러나 갖가지 폭력의 형태들은 사회에서 질서를 유지하기에 필요하기도 하지만, 그것은 단지 생사 윤회를 계속하게 만드는 것이다.

이론상 불교는 어떠한 형태이든 살인을 반대한다. 『아비달마구사론』阿毘達磨俱舍論에서는 다음과 같은 대목이 있다. "모든 군인들이 같은 목표를 향해 열심히 뛰는 것처럼, 모두는 살인에 대한 죄책감을 갖고 있다. 사실 ……모두는 서로서로 죽음을 조장한다. 만약 목소리를 내지 않는다면 그들은 다가와서 죽일 것이다.…… 심지어 군에 억지로 입대하게 된다면 '내 생명을 구하기 위해서라도 나는 살아 있는 생명을 죽이지 않겠다'는 서원을 세워야 죄책감에서 벗어날 수 있다."

『율장』에서는 다른 이를 살해하면 승단에서 쫓아낼 것을 규정하고 있는데 이것은 근본죄根本罪, pārājika[1]의 죄목에서 세번째에 해당하는 것이기 때문이다. 대승불교에서는 살해가 첫번째 죄목에 놓인다. 인도의 『율장』에 대해 대승 전통과 중국불교의 변용을 보여 주는 경전이 중국에서 찬술된 『범망경』梵網經이다. 여기에서는 어떤 형태의 전쟁이라도 여기에 가담한 불교도는 쫓아내야 한다고 주장한다. 이 경전에서는 여섯 가지 형태의 살인을 금하고 있는데, 자신의 손으로 죽이는 것, 다른 사람에게 시켜서 죽이는 것, 여러 방법을 동원해서 죽이는 것, 살인을 칭찬하는 것, 누군가가 살해당하는 것을 보면서 즐기는 것, 주술로 죽이는 것이 그것이다.

---

1) 현존하는 팔리어 경전에서는 파티목카(patimokkha, 결속이라는 의미)라고 하여 출가승이 공동체 생활을 위해 지켜야 할 227개의 규칙이 있다. 이 계율은 여덟 부분으로 구분되어 있는데, 근본죄는 이 가운데 첫부분으로, 여자와의 부정한 행위, 훔치는 행위, 사람을 죽이는 행위, 수행력을 과장하는 행위 네 가지이며, 이런 죄를 짓게 되면 승가를 떠나야 한다는 규정이다.

실제로 불교는 전쟁과 복잡한 인연을 맺어 왔는데 따라서 비폭력의 개념이 설 자리는 그다지 없었다. 불교가 공식 이념이었던 국가들에서 불교는 많은 경우에 전쟁을 부득이 지지해야만 했다. 폭력은 실질적인 이유를 고려해 볼 때 정당화될 수 있었는데 불교도라면 불교의 다르마가 위험에 처했을 경우, 불가피하게 그 악에 맞서서 싸울 필요가 있었다. 상대를 다 죽여도 괜찮은데, 왜냐하면 붓다가 불교도들을 알아보기 때문이다. 이 경우에 불교도들은 살인으로 악한 존재들을 '해방'시킬 자격을 갖게 되는데, 죽음으로써만 그들은 그들의 무지에서 풀려날 수 있으며, 비로소 다른 좋은 곳에 다시 태어날 수 있게 된다.

불교 의례에서도 상징적이나마 폭력성을 엿볼 수 있다. 현대인의 눈으로는 이것이 물리적 폭력으로 안 보일 수도 있지만, 근대 이전의 사회에서 이 의례에서의 폭력은 굉장히 사실적이었으며 그 효과도 사실적이었다. 특히 밀교에서는 악귀를 물리치기 위한 여러 다양한 주술적 기술이 존재했다. 밀교에서는 그들의 적들을 악귀의 무리로 비유하는 경향이 있었으며 의례를 통해서 적들을 물리치고자 했다. 티베트의 의례무에서 가장 중요한 순간은 춤추던 승려가 귀신 모형의 인형을 칼로 찌르는 때이다. 이 의례는 한 승려가 불교를 박해했던 사악한 왕, 랑 다르마^{Lang Darma,}

803~842를 살해했던 순간을 재현하는 것이다. 정치적 지도자들도 그들의 적을 무찌르기 위해 불교 의례를 행했다. 예를 들어 일본의 고다이고^{後醍醐,} 1288~1339 천황은 불교 의례의 주술적 힘을 빌려서 쇼군들을 제거하고자 무던히 애를 썼다.

살인을 정당화하기 위해 모든 가능한 이론들이 도입되었는데, 자비심으로 어떤 이가 앞으로 저지를 나쁜 행위를 막기 위해 미리 그를 죽인

다는 생각도 그 중 하나였다. 실제로 대승의 교리에 따르자면 모든 것은 공한데 어떻게 살인이 가능할 수 있을까? 대승의 불교 교리에 밝으면서 살인을 하고자 하는 사람은 자신이 실제 살인을 할 수 없다는 것을 알 수 있다. 이는 모든 것은 실제로 공하며 죽이려는 사람뿐 아니라 자신도 공함을 알기 때문이다. 이 생각은 불교에서만 찾아 볼 수 있는 것이 아니다. 힌두교 경전 『바가바드기타』*Bhagavadgītā*에서도 똑같이 적고 있다. 중국에서 찬술된 선 문헌에서도 비슷한 언급을 찾을 수 있는데, 만약 살인 행위가 완벽하게 자발적인 행위였다고 하면, 그것은 자연재해와 비슷한 것이며 따라서 개인이 책임질 필요는 없다는 것이다. 이와 같은 유의 궤변을 선 옹호론자 스즈키의 글에서도 찾아볼 수 있다. 스즈키 역시 더 높은 진리에 의지하기 위해서는 일탈도 정당화할 수 있다고 역설했다.

『불교와 전쟁』*Le Bouddhisme et la guerre*에서 폴 드미에비유는 다음과 같이 적고 있다. 일본에서 "그 종교는 봉건체제일 뿐 아니라 사회 그 자체이다. 종파들과 황실 사이에서, 종파들과 봉건영주들 사이에서, 종파들과 종파들 사이의 무력 충돌은 다반사로 이들은 손에 손을 잡고 전쟁터로 뛰어들어 가고 있었다." 11세기부터 일본 대형사찰들은 어느 정도 독립적인 권력을 얻게 된다. 이전에는 중국에서처럼 승려에게 계를 주는 권한을 국가가 관리했었지만 이 시기부터는 대형사찰의 특권이 되었다. 그러나 계를 받던 대부분의 승려들은 이름만 명부에 올렸지 실제 공식적으로 비구가 된 자들은 아니었다. 이러한 사찰들은 대토지 소유주이기도 했는데, 이들은 토지를 늘리기 위해서라면 어떠한 일도 서슴지 않았다.

당시 일본은 '승병' 세력이 힘을 쓰던 시기로, 이들은 누구라도 자신들의 이익을 넘본다면 —— 황실이든 이웃 사찰이든 —— 가차 없이 공격을 가했다. 이 시기는 정토진종淨土眞宗과 일련종 같은 새로운 종파들이 발전해 나가던 시기였는데, 이 둘 다 대중들로부터 큰 지지를 얻었다. 하지만 이들은 배척적 성향도 강해서, '국가 안의 국가'를 건설해 나갔다. 정토진종에서는 승려들의 독신주의를 폐지했으며, 사찰 관할 구역을 대대로 세습하는 전통을 만들었는데 이를 통해서 세속적이면서도 동시에 종교적 성향을 갖고 있는 종교적 체제를 구축하는 데 기여를 했다. 이러한 불교 승려들의 난립은 도쿠가와 막부가 설립되던 봉건 시기 말기에 이르러 끝이 났다. 이 시기 이후 이어지는 불교에 대한 중앙 정부의 갖가지 견제는 부분적이나마 왜 메이지유신 시기에 불교가 역설적으로 군국주의를 지지할 수밖에 없었으며, 전쟁을 지원하기 위한 '종교적 동원'에 앞장섰는지를 설명해 준다.

불교평화주의의 화신처럼 여겨지는 티베트의 경우를 살펴보자. 하지만 불교가 과거에 몽골의 정복자들이나 일본의 사무라이들에게는 그리 평화적인 종교로 작용하지 않았다는 점을 살펴볼 때 티베트는 과연 어떠했는지 질문을 던져 볼 수 있을 것이다. 티베트불교에서도 평화주의는 닦아야 할 덕목이지만 필요에 의한 것에 지나지 않았던 듯하다. 진짜 티베트는 샹그릴라였던 적이 없다. 티베트에서도 수많은 전쟁이 있었으며, 불교 종파 역시도 수세기에 걸쳐서 수많은 각 종파들의 다툼 속에 갈래갈래 찢어져 있었다. 17세기 제5대 달라이 라마가——몽골의 도움으로——정권을 장악한 이후 겔룩파는 티베트 승단 전체를 꽉 잡게 되었는데, 앞에서도 보았듯 여전히 겔룩파가 중심적 위치를 차지하고 있다. 지난 200여 년 동안——일부 불교도로 이루어진——티베트 군대는 수많은 적들과 전투를 계속해 왔는데, 라닥, 준가르 몽골Dzungar Mongol, 부탄, 네팔, 영국 등이 여기에 포함된다.

근대를 살펴보자면, 티베트의 평화주의 옹호는 다소 등 떠밀려진 상황에서 비롯한 것이었다고 볼 수도 있다. 왜냐하면 티베트는 주변의 힘 있는 나라들과 대적할 수 있는 물리적 힘이 없었기 때문이다. 따라서 이를 불교적 정신 추구의 지표라고 부른다면 그것은 스위스의 그리스도교 정신이나 룩셈부르크의 평화주의를 말하는 것과 같은 형국이 된다. 누군가가 왜 티베트가 중국 정부와 관련해 티베트 문제를 해결하기 위해 비폭력을 선택하게 되었냐고 질문했을 때, 달라이 라마는 크게 웃음을 터뜨리며 다음과 같이 말했다. "티베트 인구는 육백만 명이고 중국 인구는 십억이지 않습니까!"

그러나 우리는 적어도 불교에는 성전聖戰이 없다고 자신 있게 말할 수 있을까? 혹은 적어도 '정의로운 전쟁'just war이라도? 하지만 '정의로운 전쟁'이라는 개념은 근본적으로 그리스도교적인 것이며 따라서 다른 종교들에 동일하게 적용할 수 없다. 그럼에도 불구하고 어떤 것이 그리스도교에서 보편적으로 찾을 수 있는 요소들인지, 또한 다른 여러 기준을 갖고 있음에도 초기부터 그리스도교적 맥락에서만 논의되어 왔던 그리스도교 이외의 종교들은 다른 곳에서 그 기준을 찾아야 하는지를 논의하는 것은 우리에게 필요한 작업이다. 사실 정의로운 전쟁의 개념은 다른 이들을 향해 폭력을 행사하면 안 된다고 하는 윤리 문제에 직면하여 그 전쟁을 합리화할 필요가 있을 때마다 등장하는 개념인 듯하다.

불교국가 가운데 전쟁은 특히 스리랑카에서 두드러진다. 스리랑카에서는 소수족인 타밀 힌두족이 정부를 향해 독립을 주장하고 있는데 이로 인해 1983년부터 힌두족들과 싱할라 불교도들 사이에 유혈사태가 벌어지고 있다. 싱할라족의 논리는 불교가 성전이라고 변명을 하는 가장 근접한 예이다. 물론 이것은 다른 민족들 간의 문제로 인한 근본주의적 태도에서 비롯된 갈등이지 경전의 내용과는 상관이 없는 문제이다. 그러나, 스리랑카에는 불교의 이름으로 두타가마니Duttaghamani왕이 타밀인과의 전쟁을 승리로 이끈 이야기뿐 아니라, 붓다가 스리랑카로 배를 타고 건너갔다는 신화를 담고 있는 『마하밤사』Mahāvamsa라는 반신화적·반역사적 문헌이 중요한 역할을 차지하고 있다. 『마하밤사』는 스리랑카와 그 정부가 전통 싱할라인이며 불교도라고 하는 믿음을 지지하는 문헌이다. 다르마의 섬이라는 뜻의 담마디파Dhammadīpa라는 용어는 『마하밤사』 내용 중에 주목을 끄는 부분이다. 여기에서 스리랑카가 성스러운 불교의 땅으로 변모하는 데에는 한 걸음만 살짝 더 내딛으면 되었다. 그리고 스리랑카라는 이 성스러운 땅을 불교에 대한 믿음이 없는 자들로부터 지켜 내야 한다고 보았다. 지난 세기 초엽 아나가리카 다르마팔라Anagārika Dharmapāla, 1864~1933가 제창한 정화운동도 역시 근본주의적 성향을 띠는데, 이러한 근본주의는 기본적으로 정치적 이데올로기로 작용하고 있음을 볼 수 있다.

요약하자면, 평화와 관용의 이상은 수많은 경전들에서 볼 수 있듯 불교의 가장 중심에 있다고 하는 점을 확실히 하지만, 불교의 법이 신심이 없는 이들 때문에 위험에 처했을 때, 폭력과 전쟁도 불사할 수 있다고 하는 입장도 적지 않음을 알 수 있다. 예를 들어서 달라이 라마가 자주 인용하는 『칼라차크라 탄트라』Kalachakra Tantra에는 불교에 대해 신심이 없는 이들은 바로 이슬람교도들로 이들이 저 신비한 왕국인 샴발라를 무너뜨리고자 위협한다고 적고 있다. 13세기에 몽골 침략자들과 중세 일본 사무라이들을 강한 저항으로 이끌었던 이들은 모든 열성적 불교도들이었다.

평화로운 불교 전통이라는 이상을 그것이 갖는 어두운 측면과 대조시켜 보는 것도 중요하다. 이렇게 눈에 띄는 비관용적 태도에도 불구하고 이 문제에 대해서는 불교가 처음부터 이념, 혹은 민족주의적 정책, 혹은 사회적 조건에서 충분히 거리를 두지 않았다는 데에서만 비난을 할 수 있을 뿐이다. 전체적으로 보아 다른 주요 종교들이나 이념들보다는 그래도 불교가 이 문제에 있어서는 좀더 균형 있는 태도를 보여 왔다고 할 수 있을 것이다.

18_불교는 모든 것이 평등하다고 가르친다?

불교를 개창한 것은 싯다르타라는 한 인간이 그가 속했던 인도사회의 카스트
시스템 속에서 벌인 피나는 노력의 결과였다.

— 부뤼노 에티엔·라파엘 료쥐에, 『프랑스불교의 현주소』

불교는 인도 카스트제도에 반발해서 모든 이들이 구제를 받을 수 있는
길을 연 종교로 알려져 있다. 이러한 견해는 강한 영향력을 가져왔는데,
1950년 암베드카르B. R. Ambedkar, 1891~1956는 이러한 생각에 바탕을 두고
인도의 불가촉천민들을 돕기 위한 운동을 펼쳤는데, 이 카스트제도 밖에
있는 이들이 집단으로 불교로 개종하도록 도왔다.

　세속에서의 인연을 끊음으로 붓다는 인도사회의 지배적인 가치에서
역시 떠날 수 있었는데, 앞서서 언급했던 카스트제도도 여기에 포함된다.
이 카스트제도는 인도 특유의 폐쇄적인 신분제도로서, 브라만(사제), 크
샤트리아(무사), 바이샤(평민), 수드라(노예) 계급으로 나누어지며, 이 맨
아래에 '불가촉천민'이 있다. 붓다가 말한 '인연을 끊음'은 종교적인 체험

에 대한 사회 계급에서의 차별을 거부하는 것이지만, 여전히 이는 여전히 브라만교 체계 내에서 일어났던 것이었으며, 붓다가 겪었던 고행은 다분히 일반적으로 볼 수 있었던 수행이었다. 출가를 선언한 붓다는 사회적 평등과 같은 상대적으로 더 널리 알려진, 보편적 규범에 순응을 한 것이다. 즉, 그가 당시 인도 사회의 제약을 끊었다는 것은 단지 상대적인 관점에 불과하다.

평등의 정신으로 붓다는 당시 싹을 틔우고 있었던 초기 승단의 문을 모두에게 열어 놓았으며, 세속과 인연을 끊고 싶은 사람들은 누구나 여기에 동참할 수 있었다. 붓다 자신 역시도 사회에서는 크샤트리아 계급 출신으로 왕자의 신분을 버리고 깨달음을 위한 길로 들어선 인물이다. 그의 직제자들은 여러 계급 출신들이 섞여 있었다. 붓다 자신과 가족을 포함한 크샤트리아 계급은 물론이고, 브라만 계급의 사제들도 있었으며, 불가촉천민들도 있었다. 그의 지지자들 가운데에는 인기 있던 매춘부들뿐 아니라 상인들도 많았다. 그러나 그들 중 일부는 중요 정치인들도 포함되었는데, 특히 북인도의 작은 왕국의 왕들도 여기에 포함되었다. 하지만 붓다가 왕자 출신이라는 것은 잘 잊혀지지 않았으며, 불교는 붓다를 전륜성왕으로 변모시키며 계속해서 붓다의 왕족 신분을 강조해 갔다.

얼마만큼 승단이 평등주의적인지는 한번 생각해 볼 만한 주제이다. 비구승이 되도록 만들어 주는 비구계를 주는 규정을 살펴보면 모든 이가 다 비구가 될 수 있었던 것은 아니었다. 지원자들은 일종의 시험을 통과해야 했는데, 여기에서 지원자는 자신이 완전히 자유로운 몸으로, 몸과 마음이 다 건강하다는 것을 증명해야 했다. 이는 다시 말해 그는 노예가 아니며, 빚도 없고, 아프지 않고, 성적으로도 정상인이어야 했다.

『율장』을 보면 붓다가 카스트제도를 공개적으로 비판한, 대담한 혁명가라기보다는 다소 순응적인 인물이었던 듯하다. 물론 초기 불교 교단은 그 구성원들의 기존 사회적 신분을 고려하여 상대적으로 많은 관용을 베풀었던 것으로 볼 수 있다. 그러나 아마 브라만교와 자이나교단 내에서도 이는 마찬가지였을 것이다. 이론상 비구, 비구니는 카스트제도에 기반하고 있는 세속사회에서 벗어나고자 하는 이들이었다. 그러나 실제로는 승단에서도 사회적 구별이 여전히 계속되었다.

사회적으로 낮은 카스트 출신이었지만 지력과 수행력이 뛰어났던 승려들에게 있어 승단은 사회적 신분의 상승을 가져다주는 것이었다. 하지만, 실은 승단에서도 세속과 같은 사회적 차별이 있었다. 예를 들어 일본에서는 서구사회에서와 마찬가지로 '권력과 종교' 간의 밀월관계를 심심치 않게 볼 수 있었다. 많은 경우 명문가 출신의 승려들은 애초부터 장래가 결정되어 있었으며, 이들은 자신들의 배경 덕분에 다른 일반 승려들은 꿈도 못 꾸는 고위직에 손쉽게 오를 수 있었다. 몬제키門跡라고 하는 황태자 출신 승려들이 바로 이러한 경우였는데, 그들은 사찰에서도 모든 정치적 연결고리를 가지고서 호사스러운 생활을 했다.

아마도 이러한 차별은 비구니승 간에 더 두드러지게 나타났던 듯하다. 비구니가 된 이들 가운데는 가족들의 요구에 못 이겨 승단에 들어오게 된 경우가 많았는데, 가족들은 이 여성들이 조상들을 위한 의례를 사찰에서 지내기를 바랐다. 여기에서 명문가 출신의 비구니들은 가족들이 보내오는 경제적 지원 속에서 편안하고 안락한 사찰 생활을 즐길 수 있었지만, 넉넉지 못한 집안 출신의 비구니들은 늘 빈곤에 시달려야 했다. 심지어 오늘날까지도 아시아에서 많은 경우 비구니들은 그들의 근본적 권리와 경제적 자원을 빼앗긴 채, 이등시민으로 취급당하고 있는 것이 사실이다.

여성과 불교 간의 관계에 대한 문제는 불교 안에서 가장 문젯거리가 되는 부분 가운데 하나이다. 붓다는 처음에는 이모이자 계모였던 마하파자파티가 승단에 들어오고자 했을 때, 이를 승인하지 않았다. 이는 붓다가 마하파자파티가 자격이 없다고 생각해서가 아니라 남들의 이목 때문이었다. 붓다가 제일 아끼던 사촌이자 제자인 아난다가 중간에 끼어들어 붓다를 설득하고서야 붓다는 여성 승단을 인정하기에 이르렀는데, 그 대신에 —— 당시 남성들은 여성은 완전하지 못한 존재라고 생각했는데, 초기 불교경전에서는 이러한 당시의 생각을 받아들였기 때문에 —— 비구니들이 따라 할 특별한 계율들을 제정했다.

이 계율은 당시 여성에 대한 편견을 전적으로 드러내 주고 있다. 여기에서 말하기를 비구니는 열등하므로 어떠한 상황에서라도 비구에게 복종해야 한다고 한다. 이들이 정신적으로 열등하다고 함으로써 승단을 유지하는 유일한 원천이었던 재가신도들의 보시를 원천적으로 막았다. 비구니들은 비구들에게 의지해야 했고, 빈곤을 겪어야 했으며, 정치적·경제적·사회적 흥망성쇠 속에 자신들을 지킬 수 있는 아무런 바람막이도 없었다. 대부분의 경우에 여성들에게 구족계具足戒[1]를 주는 것을 제한했기 때문에 대부분의 여성 수행자들은 열등한 지위와 열악한 생활을 계속해서 이어갈 수밖에 없었다.

이론상 대승불교에서 주장하는 불이적 정신에서 볼 때, 남성과 여성

---

1) 비구·비구니가 되기 위해 지켜야 하는 계율이면서 동시에 구족계를 통해서만 정식 승려가 될 수 있다. 전통마다 다르지만 보통 비구는 250계, 비구니는 348계를 지켜야 한다.

은 평등하다. 하지만 실제 승가 생활에서 비구니는 비구에 비해서 여전히 열등한 존재들이었다. 그러나 동양의 비구니들은 근대 이후 점점 그들의 평등권을 주장해 나가고 있다. 그럼에도 불구하고 이러한 노력들은 기득권에 의해 강한 저지를 당하는 경우가 많았는데, 예를 들어 최근에 태국의 비구니들이 비구니의 권리 신장을 요구하자 비구승에게 공격을 받았던 것은 이를 잘 보여 준다.

일반적 불교와 여성 관계를 볼때 역시 여러가지 상징적·종교적 폭력이 곳곳에서 드러난다. 여성을 공적 영역에서 배제하려는 기득권의 노력은 여러 가지 형태를 띠고 나타났다. 불교 전통은 오랜 세월에 걸쳐 비구니든 재가 여신도든 상관없이 여성들에게 수만가지의 금지 조항을 지킬 것을 요구했다. 여성을 배척하려는 성향을 불교경전에서도 찾을 수 있다. 일부 경전들에서는 여성을 거의 악귀 수준으로 그리고 있기도 하다. 일본뿐 아니라 티베트에서도 여성들은 원래 부정한 존재라고 여겨졌기 때문에, 이들은 몇몇 불교 성지에서는 참배조차 거부당했다.

이보다 더한 예로 중세의 일부 불교도들은 여성은 생리혈로 오염되어 있으며 여성이 아이를 출산할 때는 이 불결한 피로 아이마저 더럽힌다고 생각했기 때문에 여성들은 이에 대한 대가로 혈분血盆이라고 하는 지옥에 떨어진다고 믿었다(그림 23 참조). 이들을 구제해 주기 위해 의식을 베풀었는데, 물론 여기에는 비용이 요구되었다. 불교에서는 미천한 존재는 말할 것도 없고 모든 살아 있는 존재를 자비의 마음으로 구제한다고 하지만, 경우에 따라서는 꼭 그렇지만도 않은 듯하다.

이러한 관점에서 볼 때 불교, 특히 티베트불교가 서구사회의 페미니즘운동 속에서 좌절한 여성들에게 안식처를 제공하고 있다는 것은 다소 놀라운 일이다. 그러나 여성을 어머니의 위치로 놓고 여성성을 찬양하는 것은 평등주의의 표현이 아니다. 반대로 이것은 모든 남성중심적 종교와 사회의 근본적인 특징일 뿐이다. 불교에서 여성 신들의 수가 넘쳐나는 것을 볼 때 여성적 원리를 재평가할 필요가 있음에도 여성적 원리는 항상 남성적 원리에 종속되는 것으로 인식되고 있다. 선불교에서는 성의 문제를 어떻게 다룰 것인가에 대해서 기본적으로 관심이 없는데, 깨달음의 기회는 모든 이에게 공평하게 열려 있다고 생각해서

그림 23. 혈분지옥
중세 중국과 일본에서는 『혈분경』(血盆經)이라는 경전이 유포되었는데, 이것에 따르면 여성은 사후에 모두 혈분지옥에 떨어져, 끊임없이 피를 마셔야 하는 벌을 받는다고 한다.

그러는 것일까? 현실적 측면에서 실상은 이론과 다소 다르다. 적어도 일본에서 '선승'은 거의 남성이며, 여성은 단지 부차적 역할을 담당할 뿐이다. 그러나 서구의 젠 센터에서는 이러한 상황이 조금씩 개선되고 있는지도 모르겠는데, 표면적으로는 여성 선 지도자들의 수가 점점 증가하고 있음을 볼 수 있다.

불교가 동성애자들에 대해서 어느 정도의 관용을 보이는 것처럼 보여도, 이것은 관용의 정신에서 비롯한 것이라기보다는 실용적인 판단에 따른 것인 듯하다. 즉, 승단의 일상생활적 측면에서 보자면 동성애 ── 그리고 좀더 구체적인 형태의 소아성도착증 ── 라기보다는 본질적으로 남성들만의 ── 그리고 여성 혐오적인 ── 승가 생활 속에서의 이성애가 좀

더 골칫거리로 여겨졌기 때문이다. 일본불교에서 동성애는 널리 퍼져 있었는데, 시, 다도, 꽃꽂이 예술과 같이 동성애도 '남성의 길' 즉 하나의 '수행'일 수 있다고 생각했기 때문인 듯하다.

그림 24. 치고
일본 중세에는 여러 가지 이유로 어린 소년들이 사찰에 들어와 치고가 되었는데, 많은 경우 승려들과 귀족, 쇼군들의 성적 유희의 대상이 되었다.

예전 일본의 사찰은 치고稚児라고 하는 예쁘장한 남자 아이들이 머무르는 공간이기도 했는데, 이들은 그곳에서 성적 유희의 대상이 되었다(그림 24 참조). 이 아이들은 삭발을 하지 않고 대신 머리를 길게 땋아 늘어뜨렸으며, 어린 여자아이들처럼 얼굴에 흰 분을 곱게 바르고, 눈썹을 예쁘게 그리고, 빨간 입술화장까지 시켰다. 치고는 사찰에서 예술 관련 행사와 귀족과 쇼군들을 위한 연회 때 중요한 역할을 담당했다.

이는 일본에서만 있었던 전통처럼 알려져 있지만, 중국과 티베트 승가에서도 비슷한 예들을 찾아볼 수 있다. 티베트 승려 타시 케둡은 승려 순찰대 가운데 한 승려 얘기를 들려주며 다음과 같이 말한다. "종종 좋아하는 소년들을 둘러싸고 싸움을 벌였는데, 남자나 소년들로만 이루어진 승가에서 뭘 더 기대할 수 있겠는가?"

불교에서는 이론적으로 모든 이들은 평등하다고 하며, 모든 이들이 구제받을 수 있고 깨달음에 이를 수 있다고 말한다. 그러나 문화적인 차이와 이에 따른 다른 수행 방식들은 이 이론적 관점과는 큰 차이를 보인다.

19_불교는 과학과 양립할 수 있는가?

"불교는 마음의 과학이다." — 마티유 리카르, 『승려와 철학자』

서양의 티베트불교도들은 달라이 라마가 과학 특히 (신경과학과 같은) 마음에 대한 과학적 접근에 관심이 많다는 것을 대단히 강조한다. 그러나 만약 여기서의 '과학'이 실험적인 연구와 자연과 인간의 물질적인 개념에 바탕을 둔 지식 체계라는 의미에서의 '과학'이라고 한다면 불교를 '마음의 과학'이라고 부르는 것은 잘못일 듯하다. 실제 불교에서는 정신이 우선이며 물리적 인과율은 오직 부차적인 것으로 본다. 왜냐하면 물질적 세계는 상대적 진리의 영역에 속하는 것이기 때문이다. 이러한 관점에서 불교에서는—본질적으로 최상의 영역은 정신적인 것이어야 한다고 보기에—과학에 최종결정권이 있다고 생각하지는 않으며, 이러한 면에서 불교는 확실히 과학과는 상반된다.

근대화의 노력 속에서 불교도들은 지금 시대의 과학과 불교가 양립할 수 있다는 점을 강조해 왔는데, 어느 부분에서 과연 그러한지 합일점을 찾기는 쉽지 않은 듯하다. 일부는 한 걸음 더 나아가서 불교가 이미 오래 전에 중요한 과학적 발견을 예견하기까지 했다고 주장한다. 이러한 종류의 노력은 고의적 곡해라 할 수 있다. 왜냐하면 이러한 관념은 불교의 이상인 깨달음은 초세간적이고 초세속적인 것이며 그 속에 품은 가치는 물질주의적 영역 안에서 작동하지 않는다는 것을 인정하지 않는 태도에서 기인한 것이기 때문이다.

과학계에서는 과학이야말로 자연계의 비밀을 풀 수 있는 가장 효과적인 도구라고 주장할지 모르겠으나, 불교도들의 입장에서 과학은 형이상학이나 정신적 현상의 세계를 다루는 데에 있어서는 가장 효과적일 수 없다.

신경과학은 지난 몇십 년에 걸쳐서 눈부신 발전을 이루었다. 거듭되는 신기술 덕분으로 이제는 우리 뇌 속의 미세한 부분까지도 정확하게 촬영할 수 있게 되었다. 복잡하게 얽혀 있는 우리의 뇌는 명백하게도 — 인지와 같은 — '주체적' 능력을 갖고 있으며, 뇌가 다른 신경계와 더불어 여러 다양한 층위의 작동 영역으로 나누어져 있다는 점을 살펴볼 때, 이는 마치 불교에서 자아라고 할 만한 것이 없다고 보는 견해를 증명이라도 하는 것처럼 보이기도 한다. 이를 불교적으로 해석한 이론도 있는데 이에 따르면 우리 의식의 다발이 여러 가지 연기적 형태를 이루는 가운데에서 우리는 '내가 있다'라는 헛된 생각을 한다고 설명한다.

제임스 오스틴James Austin의 『선과 뇌』Zen and the Brain라는 책의 인기를 통해 알 수 있는 사실은 사람들은 선 수행에 있어 좀더 상위 상태 — 즉, 보편적인 자비와 자애 — 에 대해 과학적 설명을 듣고 싶어 한다는 점이다. 한편 선의 역설적 성격은 이성적 사유에 의해 막다른 길에 놓였던 전통적 해답들을 넘어서고자 하는 과학의 노력을 더욱 가속화시키는 데 공헌했다. 더글라스 호프스태터Douglas Hofstadter의 책 『괴델, 에셔, 바흐』Gödel, Escher, Bach에서도 저자가 선불교 공안에서 영감을 받은 것을 볼 수 있다.

불교적 관점에서 위와 같은 논의들은 불교적 사유의 엄밀하고 이성적인 측면을 중심으로 전개된다. 물론 불교적 사유에 이성적인 측면은 분명히 있다. 그러나 모든 이성적 사고가 다 과학적인 것은 아니다. 불교적 이성은 과학적인 담론과는 양립할 수 없는 영역, 즉 수행론적인 틀 안에서 그 뿌리를 내리고 있는 것이다.

신경과학자들은 우리 여러 의식 상태에 뉴런이 어떻게 연결되어 있는지를 밝히고자 노력하고 있는데, 이것이 밝혀진다면 인공적으로도 어떠한 의식의 상태를 재생해 낼 수 있을 것이다. 이 연구는 아직 가야 할 길이 멀지만, 우리는 이와 거의 유사한 질문을 1970년대 초엽에도 제기해 왔음을 기억할 수 있다. 즉 이때는 엘에스디LSD와 같은 환각제들이 우리에게 모든 것과 연결할 수 있는 신비적인 경험을 하게 해준다는 생각이 유행하던 때였다. 불교에서는 이러한 명상에 대한 과학적 분석에 그리 찬성하지 않는데 이는 과학이 의식을 ― 진화와 뇌의 뉴런 구조에 의한 ― 단순한 부산물로 보는 데 반해 불교는 의식을 가장 중요한 위치에 놓고 있기 때문이다.

그렇다면 의식을 일으키는 신경생물학적 과정은 무엇인가? 좀더 구체적으로 이 도통 알 수 없는 상대를 철학자들은 콸리아qualia라고 하는데, 이 콸리아, 즉 개개인의 의식의 본체를 형성하는 지극히 주관적이고 정의내리기 힘든, 수 없는 상태는 어떠한 과정을 거쳐 발생하는가? 신비적 경험이나 깨달음이라고 부르는 최상의 정신적 상태는 차치하고서라도, 예를 들어 빨강색의 구체적인 빨간 성질, 감정의 감정적인 내용, 얼굴이나 시에서 느끼는, 손으로 만질 수 없는 아름다움과 같은 의식은 어떻게 형성되는가? 깨달음에 —— 바로 이것이 불교도 간의 분열을 야기하는 부분이기도 하지만 —— 어떠한 지적인 속성이 있다 할지라도, 불교적 관점에서 볼 때 깨달음을 뇌가 일으키는 일련의 알고리즘적 과정, 그리고 수십억 개의 시냅스들 사이에서 벌어지는 시냅스 사이의 활동으로 환원할 수 있는 여지는 그다지 없어 보인다.

콸리아에는 다음과 같은 문제가 있다. 중립적인 '삼인칭적' 상태라 할 수 있는 뉴런의 존재 상태가 물리적·객관적·계량적인 서술의 대상이라면, 어떻게 뉴런의 상호작용이 주체적·주관적인 '일인칭적' 경험을 만들어 내는가? 라는 것이다. 뇌에 대한 연구를 통해 인간 뇌에 대한 지식은 점점 증가하고 있음에도 불구하고, 뇌과학적 관점에서 존재의 두 가지 형태의 간극을 채우는 것은 불가능해 보인다.

비록 과학자들이 불교도가 말하는 이원성 혹은 불이론에 대해서는 별다른 견해가 없을지라도, 뇌와 의식 사이에 이원성이 존재하는가 그렇지 않은가에 대한 문제에 대해 찬반 양론은 뚜렷하다. 과학과 불교가 명백하게 수렴하는 지점도 있는데, 이것은 양쪽 다 우리 자신을 구성하는 모든 것 —— 즉 기쁨, 슬픔, 기억, 계획, 자아에 대한 관념 —— 은 인과에 기인한 것이라고 본다는 점에서 그러하다. 그러나 이것을 넘어서는 각각의 경우에 역할을 담당하는 요소들 —— 예를 들어 불교에서 말하는 다르마나 오온, 과학에서 말하는 신경 세포, 분자구조 —— 을 살펴볼 때 이 두 체계 사이에서 별다른 연결고리를 찾기 힘들다.

그들이 설명하는 것들을 소거시켜 버린다는 점에서 대부분의 의식에 대한 신경생물학적 설명은 환원주의적이라 할 수 있다. 불교에서는 의식이란 원래 주어진 것으로 보기 때문에 이러한 의식에 대한 신경생물학적 설명을 받아들이기 힘들다.

다윈의 진화 이론으로 미루어 볼 때 의식 역시도 진화의 대상이다. 하지만 이 이론은 불교와는 입장 차이가 크다. 왜냐하면 비록 모든 인간들에게 늘 같은 층위로 드러나지는 않을지라도, 불교적 존재론──이것을 불성이라고 부르든 아니든 간에──에서는 의식을 영원하고 초월적인 것으로 보기 때문이다. 많은 불교도들에게 우주란 그 전체가 바로 붓다이다. 즉, 달리 말하자면 우주란 '역사적으로 실존한' 붓다가 완벽하게 나타내 보인 '깨달은 의식'으로, 그것은 비록 일시적으로는 인간들 사이에서 불분명해지긴 했어도, 불교 수행을 통해서 다시 재발견되어야 하는 것이다.

불교는 오랜 세월 동안 우주론적 교리임을 자처해 왔다. 비록 붓다가 세상은 영원하다거나 그렇지 않다거나 하는 등의 문제에 대해서는 대답하기 거부했다고 하지만, 붓다의 제자들은 이를 논리적 사고를 통해 대답하고자 노력했으며, 그 결과 우주론은 불교 사고 체계에 있어 중요한 요소가 되었다. 인도에서 시작된 이 우주론은 동아시아로 불교를 통해 전해졌고, 동아시아 불교도들에게 불교란 도덕적이거나 종교적 체계였다기보다는 오히려 일종의 과학적 접근과도 비슷한, 새로운 세계를 보는 관점을 제시했던 것이다.

원래 불교의 새로운 세상에 대한 비전은 힌두교에서 비롯된 것이었다. 불교적 맥락은 어떤 면에 있어 새롭고 급진적인 것이기는 했지만, 전통적인 우주론에 대해서 새로운 사고가 불교라는 새로운 종교의 탄생과 함께 등장하게 된 것이다. 그러나 불교는 우주 밖으로 넘어서려는 노력이기도 했다. 폴 뮈스가 언급했듯 불교우주론은 화살표와 같은 구조이다. 즉, 그것은 단지 그렇게 존재할 뿐이며 그러기에 우리는 거기에서 달아날 수 있다. 세상은 불타고 있는 집과 같아서 위험하기 때문에 우리는 가능한 빨리 이곳을 탈출해야 한다. 이 세계는 사람들이 구제를 받아야 할 우주적 장소이다. 여섯 가지 존재의 운명과 세 가지 세계 사이에서의 반복되는 윤회는 우리의 목표가 아니다. 인간은 이곳에서 존재들의 최상에 위치하지만, 결국에는 이곳을 초월해야 한다.

불교모더니즘을 지지하는 사람들은 흔히들 전통적인 불교우주론을 무시하려고 하는데, 왜냐하면 이는 너무 시대에 뒤떨어져 있으며 특정 문화 전통의 성향이 강하다고 보기 때문이다. 이들은 대신 좀더 보편적인 전통이 필요하다고 생각한다. 그러나 이 문제는 분명히 해야 할 필요가 있는데, 전통적 우주론을 버리는 것은 원치 않는 것을 없애려고 하다가 소중한 것마저 잃는 격이다.

불교에서 두 가지 기본적 개념인 업과 윤회의 예를 살펴보자. 이 개념들은 단순하게 도덕적 혹은 심리적인 인과율로 환원시킬 수 없다. 오히려 이것들은 불교의 우주론적 전체를 구성하는 개념이다. 불교적 관점에서 열 가지의 존재 상태가 있다고 하는데, 육도에 속해 윤회하는 존재들은 여전히 생과 사의 순환 속에 빠져 있는데 비해, 육도를 벗어난 상위의 네 단계 세계에서는 해탈에 근접한 상태라고 한다. 이 업의 구조는 불교우주론 없이는 존재할 수 없다. 죽은 이들은 다시 태어나기 전 반드시 지난다고 하는 상태인 바르도 역시 이와 마찬가지이다. 이러한 우주 구조에 살고 있는 갖가지 신들을 아우르고 있는 불교의 신앙 형태에서 만일 모든 형태의 숭배와 신앙을 제외한다면, 이러한 신들을 어떠한 심리학적 혹은 종교적 원리로 환원시켜 설명할 수도 있을지도 모른다. 하지만 이는 라싸의 조캉 사원 앞에서 하루 종일 오체투지를 하면서 기도를 올리는 신심 깊은 불자들에게는 씨도 안 먹히는 소리일 것이다. 이러한 신앙이 없다면 조캉 사원이 존재할 이유도 없다. 또 마찬가지로 중국 정부가 이 티베트불교 사찰들을 불교 박물관 정도로 바꾸어 놓는다면 이는 그저 빈 껍데기가 될 뿐이다.

사실 중국은 티베트불교를 위협하는 요소로 크게 두드러지지 않을지도 모르는데, 이는 중국의 입장에서는 너무나 당연히도 그들의 적이기 때문이다. 대신 티베트불교가 직면한 위험은 실은 선한 의도에서 출발한 티베트불교의 지지자들에게서부터 시작했다고 할 수 있다. 이들이 티베트불교를 근대화시키고자 애쓰는 동안에 티베트불교의 근간을 이루던 전통 역시 점점 사라지고 있다. 다른 쪽에서도 상황은 이와 비슷하다. 지도적 위치에 있는 중국의 승려들은 쌀(정통 종교적 원리들)에서 쌀겨(소위 '미신'으로 불리는 불교의 의례적 부분을 포함)를 분리해 나감으로써 중국 불교를 '근대화'하기에 열을 올리고 있는데 이는 오히려 살아 숨 쉬는 불교의 모습을 훼손시키는 것이기도 하다.

마티유 리카르는 『승려와 철학자』에서 "불교의 우주론은 세속제에 속하는 것으로, 어느 시점에서의 진리를 말한다"고 했다. 한편 그는 또 다음과 같이 말했다. "지금 우주에 대한 설명은 우리가 우리 시대에 보고 있는 우주에 대한 개념이며, 불교에서는 이것을 여여如如하게 받아들인다." 그러나 여기서 마티유 리카르가 말하는 점을 잘 살펴볼 필요가 있는데, 그 것은 불교가 과학적 견해에 동의를 하는 것처럼 보이지만 실은 가치 평가를 유보하는 태도로 과학적 견해를 미묘하게나마 거부하는 것이다. 다른 표현으로 이는 과학적 우주론은 전통적인 불교우주론과 같이 세속제적 관점에서 비롯하는 것이며, 이에 반해 불교철학은 실제 이를 뛰어넘는 승의제를 말하고자 하는 것이라는 의미이다. 과학자들은 비록 과학적 이론들이 언제든 바뀔 수 있는 것이라고 해도, 궁극적 진리는 수학 공식으로 표현할 수 있다고 본다. 여기에서 우리는 불교의 종교적 관점과 과학의 물질론적 접근 사이에는 건널 수 없는 강이 명백하게도 존재한다는 것을 알 수 있다.

때로 초기 불교를 반反우주론적이라고 설명하기도 했지만 실제 불교 우주론은 아주 초기부터 발달해 왔다. 여기에는 두 가지 형태의 우주론을 볼 수 있다. 하나는 하나의 세계, 다른 하나는 복수의 세계이다. 첫번째 형태는 소승불교, 대승불교 모두 지지했던 이론이며, 두번째 형태는 특정 대승 경전들만이 이 이론을 지지했다. 하나의 세계라고 하는 체계에서 우주는 수미산須彌山을 중심으로 펼쳐지는 세계인데, 이 수미산은 일종의 우주적 축으로 세 가지 세계인 천계, 인간계, 지옥계를 연결하는 세상의 중심이다. 인간계는 평평한 원판으로 되어 있다고 하는데 여기에는 네 개의 바퀴, 즉 풍륜風輪·수륜水輪·금륜金輪·지륜地輪이 층층이 겹쳐 있다고 한다. 수미산의 정상에는 33개의 하늘이 있는데, 원래 베다 전통에서 숭배되었던 신인 제석천帝釋天, Indra이 이 하늘들을 지배한다. 수미산은 다섯 개의 대양과 그 사이 사이 산맥으로 둘러싸여 있다. 또한 네 개의 대륙이 이 대양의 바깥쪽 각 동서남북 네 위치에 자리 잡고 있는데, 남쪽에 있는 대륙을 염부제閻浮提라고 하며 우리 인간들이 살고 있는 곳이 바로 이곳이다. 나머지 세 대륙 역시 인간들이 살고 있다고 하는데 다만 이들은 우리와는 달리 엄청나게 긴 수명을 갖고 있으며 인간과 그 크기도 엄청난 차이가 있다고 한다.

대승불교에서의 복수의 세계 체계에 대한 이론은 단일세계론과 함께 발달했다. 여기에서 복수의 체계란 파스칼이 말했듯이, 중심은 어디에나 있으며 주변은 아무 곳에도 없다고 하는 것과 유사하다. 이 복수의 세계론에 따르면 셀 수 없이 많은 세계가 우주에 공존을 하고 있는데 그 수는 갠지스 강가에 있는 모래알의 개수와 같이 무한하다고 한다. 어떤 곳은 지극히 순수한 세계이며, 어떤 곳은 그리 순수하지 않게 이것저것 섞여 있는 세계로, 각각의 세계에는 각기 다른 붓다가 그곳을 주재한다. 우리가 살고 있는 세계는 순수하지 않은 세계로 앞에서 본 염부제와 같이 남쪽 어디에 위치하고 있다고 한다. 여기가 바로 석가모니 부처가 위치한 영역이다. 또한 전체 우주의 크기는 무한하며 3,000개의 큰 우주로 구성되어 있다고 하는데, 이러한 무한한 영역 가운데에서 우리의 세계가 남쪽에 위치하고 있다고 구체적으로 말하는 것은 다소 놀랍다. 이 3,000개의 큰 우주는 다시 무한한 수의 다른 소우주들로 구성되어 있다고 한다. 각각의 우주에서 인간의 수명은 10년에서부터 80,000년까지 천차만별이라고 한다.

무한한 우주의 개념과 수많은 붓다라는 생각은 시간에 대한 상상력을 공간적 상상력으로까지 확장시키게 한다. 여기서 시간은 그 자취를 감춰 버리게 되며 블랙홀 속으로 빨려 들어가는 것 같다. 이러한 의미에서 불교에서 말하는 구제는 초대형급의 우주적 드라마가 된다. 즉, 여기에서는 개개인의 구제가 문제의 대상이 되는 것이 아니라, 상상을 초월하는 에너지와 시간들이 소비되는 우주적 구제가 문제가 된다. 우주적 붓다의 해탈은 모든 존재하는 것들을 위한 것인데, 왜냐하면 이 중생들은 바로 붓다 자신이기 때문이다.

여기서 볼 수 있듯이 이 단일·복수라는 두 가지 형태의 우주론은 두 가지 다른 형태의 구제론과 관련되어 있다. 첫번째 경우는 구제란 느리게 흘러가는 시간 가운데 노력이 필요한 과정이라는 점을 내포한다. 두번째 경우는 붓다와 보살이 ─그리고 때로는 불교신도들도 포함되는데 ─빛과 같은 속도로 저 멀리에 있는 ─아미타불의 서방정토 같은 ─다른 곳으로 순식간에 이동을 할 수 있다. 처음의 경우는 시간적 비유에 의한 것으로 개인적인 니르바나를 말하며, 다음의 경우는 공간적 비유에 따른 것으로 우주적 해탈을 의미한다. 이것은 수직적 층위와 중심적 상징을 갖는 최초의 우주론적 구조로, 불교인들의 상상력을 오래도록 지배해 왔던 것이었다. 이중의 우주론은 서양 세력이 아시아 지역으로 세력을 확장한 이후에는 서구에서 발전한 코페르니쿠스 우주론과도 서로 공존하게 되었다.

비록 초기 불교가 우주론과 관련해서는 다소 유보적인 태도를 취해 왔지만 우주론의 영역은 밀교에서 탁월한 지위를 차지하게 되었다. 확실히 초기 불교의 ─우주적 발생론인 동시에 심리적 창조론이기도 한 ─'천지 창조론'은 계속 확산해 나가는 어떠한 과정으로 이해되었다. 그럼에도 이는 일종의 퇴보적 작용이기도 했는데, 왜냐하면 이 세계란 '모든 존재가 고통을 받는' 상태의 세계이기 때문이다. 초기 불교에서 '근원으로 되돌아가라'고 말할 때, 이 '되돌아가려는 행위'의 근본적 목표는 생사를 추구하는 힘인 욕망을 파괴함으로써 존재의 윤회 자체를 끊어 버리고자 하는 것에 있다. 밀교에서는 이와 상반되게 모든 상징과 이미지 너머에 있는 상징과 이미지를 통해서 그 근원으로 돌아가라고 가르친다. 선불

그림 25. 태장계 만다라와 금강계 만다라
만다라는 묘사하는 내용, 형식에 따라 여러가지 종류로 나눌 수 있다. 태장계, 금강계 만다라는 합쳐서 '양부만다라'라고 하며, 각각 금강정경(金剛頂經)과 대일경(大日經)이라고 하는 밀교 근본경전을 근거로 만들어진 것이다.

교에서는 모든 이미지와 사유를 '끊어 버리라'고 하는데, 이는 모든 우주적인 상징을 끊으라고 하는 말과 상통한다.

따라서 애초부터, 상반되는 두 우주론에 대해 두 가지 다른 수행의 형태가 있었음을 알 수 있다. 그 중 하나는——초기 불교의 수행으로——생사의 윤회에 '떨어지는' 것과 관련한 것으로, 두 존재론적 모습(진실과 미망) 사이에서의 급격한 단절, 즉 해탈을 이루는 것이 수행의 목표이다. 다른 하나는——밀교의 수행으로——하나에서부터 다수로 향하는 길은 끊임없는 '전진'으로 이해되었고 이 전진이 수행의 목표이다. 그래서 초기 불교가 절대와 상대 사이에 있는 지속성에 대한 해결을 제시했다면, 밀교는 의식의 흐름의 지속성을 이미 감안하고 있었다고 할 수 있을 것이다. 그래서 밀교 수행자들은 소승과 다른 대승의 수행자들처럼 순수한 정신적 실재를 발견하기 위해 세상을 부정하는 게 아니라, 존재가 뿌리 내리고 있는 그 근원으로 되돌아 갈 것을 주장했다. 다시 말해 밀교에서 볼 때, 모든 정신활동과 모든 욕망을 한꺼번에 없애는 것보다, 거꾸로 욕망을 긍정하고 이를 통해서 우리의 정신을 역전시키는 수행이 더 유효하다고 보았다. 즉, 세상과 몸을 버리는 것이 능사가 아니라는 점을 주장한 것이다. 이러한 생각들은 만다라 속에서 표현되었고, 만다라를 이용한 수행이 중요했는데, 이는 의례적 도상이자 소우주인 만다라가 더 큰 실재인 대우주로 들어가는 통로 역할을 하기 때문이었다(그림 25 참조). 이러한 두 가지 다른 수행론적 간극이 존재함에도 불구하고 우주론은 두 경우 모두에 있어서 중요한 역할을 담당하고 있음을 볼 수 있다. 따라서 근대화의 미명하에 어떠한 내용이 교리를 이루고 있는지 살피지도 않은 채 전통적인 우주론을 제거하려는 노력은 문제가 있어 보인다.

20 _ 불교는 일종의 테라피이다?

붓다의 가르침은 본질적으로 교리적인 것이 아니다. 그것은 치유를 위한 가르침이다.— 부뤼노 에티엔·라파엘 료쥐에, 『프랑스불교의 현주소』

어떤 이들은 불교를 철학 혹은 종교의 범주로 분류하는 태도에서 한 걸음 더 나아가 불교는 요가와 비슷한 일종의 정신 치유 요법이라고 주장한다. 이 치유적 측면은 비록 우리가 오늘날 알고 있는 것과 항상 일치하는 방식은 아니지만, 불교의 중요한 요소로 강조되어 왔다. 인도불교 경전에서는 치료를 연상하는 은유를 풍부하게 사용했으며, '사성제'의 네 가지 항목은 치유적 진단 과정과 연결되기도 하였다. 불교가 인도의 치유 사상에서 영향을 받았다는 것은 가능성이 있는 이야기로, 불교 승려들은 비록 마음은 없는 것이라고 말하면서도, 이들은 항상 몸과 마음을 치유하는 의사의 역할을 했었다.

초기 불전에서 붓다는 대의왕大醫王으로 불리기도 했다. 형이상학적 본성에 대한 질문을 받았을 때, 붓다가 독화살로 이것을 설명한 것은 유명하다. 이 독화살의 비유는 다음과 같다. 만일 어떤 이가 독화살을 맞아 상처를 입었다면 의사에게 가서 독의 성분은 무엇이며 쏜 사람은 누구인지를 물어야 하는가, 아니면 독화살을 재빨리 몸에서 빼내어야 하는가? 유사하게 우리가 죽음을 눈앞에 두었을 때, 빨리 해탈을 하고자 하는 태도가 필요하지, 여기서 세상은 어떠한 곳인지를 질문하는 것은 단지 시간을 낭비하는 것일 뿐이다. 비록 붓다가 이러한 형이상학적 질문이 갖는 문제점을 누누이 강조했지만, 그럼에도 붓다의 제자들은 불교의 철학적·형이상학적·학술적 측면을 계속해서 발전시켜 나갔다.

실제로 불교는 치유의 한 형태이기는 하나 흔히 말하는 정신적 의미에서라기보다는 순전히 의학적 의미에서이다. 이러한 맥락에서 동양 전통에서 가장 잘 알려진 부처 가운데 약사여래가 있는 것은 놀랍지 않다. 전통 사회에서 사람들은 수많은——정신적 질병뿐 아니라 육체적——질병이 악귀의 소행이라고 여겼다. 악귀를 쫓기 위한 의례들은 이 문제를 해결하는 주요한 방법이었는데, 어느 시점에 오면 의례가 마치 만병통치약과 같은 역할을 하게 되었다. 그러나 정통주의적 입장을 고수하던 불교가 이러한 치료행위는 깨달음을 향하는 길에 걸림돌이 된다고 보며 이를 신임하지 않았음에도 불구하고, 수많은 승려들은 계속해서 여기에 대해 수행을 해나갔다. 경전에서 붓다가 몸과 마음을 치유하는 이로 비유될 수 있었던 것은 당대 의학적 지식을 바탕으로 이러한 이미지를 상상할 수 있었기 때문이었다.

불교 명상에 대한 심리학적인 해석은 서구에서 발전한 오늘날의 불교가 갖고 있는 모습의 한 단면이다. 이러한 견해에 따르면 불교 교리와 미술은 심리학이 깊게 드러나는 영역이다. 그래서 어떤 이들은 밀교의 만다라를 종종 융Carl Jung, 1875~1961이 말하는 보편적 원형으로 이해했다. 만다라는 밀교 의례에서 중요한데, 어떤 의미에서 만다라는 일종의 주술적 공식이라고도 할 수 있다. 몇몇 티베트불교도들이 만다라를 이성적으로 표현하고자, 그 본연적인 주술성을 부정하는 태도는 그리 놀랍지도 않다. 밀교 의례에서 주문은 '마음을 보호하는' 어떠한 것이며 이는 자연재해와 같은 외부적 요소로부터 마음을 보호하는 것이 아니라, 내부의 정신적인 혼란과 산란함으로부터 마음을 보호하는 것이다. 그러나 이러한 단어 본래적 의미는 일반 불교도들에게는 잘 알려져 있지 않은 듯하다.

불교와 주술

옛날을 살던 불교도들의 눈에는 이 세상이 수많은 악귀들로 가득 찬 곳이었다. 병이 왜 생기는지에 대한 문제에 대해서 그들은 상황에 따라서 이것이 자연, 인간, 혹은 초인간적 존재의 소행이라고 여겼다. 이렇게 악귀들이 여기저기 떠도는 세계에서 불교는 기본적으로 병을 야기하는 초인적 원인인 수많은 악귀들과 잡신들을 다루는 치료의 역할을 맡게 되었다. 이렇게 몹쓸 병을 일으키는 존재는 악귀뿐만이 아니었다. 여기에는 불교에서 모시는 신들도 포함되었는데 승려들은 이들을 달래기 위해 그들이 갖고 있는 힘에 따라 여러 가지 다양한 의례를 시행해야 했다. 이런 측면에서 악귀라고 하는 것과 신이라고 하는 것은 관점의 차이에 불과한 듯하다.

점술은 병이나 자연재해를 일으키는 원인을 밝혀내는 데 중요한 역할을 담당했다. 여기에는 접신이라든지 점성술과 같은 다양한 종류의 기술들이 포함되었다. 특히 밀교에서 악귀는 매개자를 통해서 모습을 드러내는데 주로 어린아이들이 그 매개자의 역할을 했다. 사람들은 퇴마술이 여러 가지 병을 치유하며, 재난을 피하는 데 영험하다고 믿었다. 또 점술은 일반적으로 퇴마술의 예비적 단계라고 생각했다. 퇴마술의 목표는 아픈 사람의 몸을 점령하고 있는 악귀를 매개자인 무당의 몸으로 옮기는 것이었다. 왜냐하면 이렇게 몸이 옮겨지게 된 악귀는 좀더 손쉽게 잡을 수 있기 때문이었다.

불교의 경우에는 여러 의례 가운데 퇴마술과 호신을 목적으로 하는 의례들로 그 영역을 한정시켰다. 그러나 때로는 악귀를 공격하기 위해 행하는 의례도 있었다. 사실 (방어적) 주술과 (공격적) 주술 사이에 선을 명확히 긋기란 어렵다. 왜냐하면 어떤 이가 먼저 공격을 했고——실제 이것이 공격으로 보일 수 있더라도——이것이 그가 위험을 느꼈기 때문에 선제 공격을 한 것이라면 그가 한 공격이 앞으로의 위험을 예방하는 차원에서의 방어적 행위라고도 할 수 있기 때문이다.

775년 중국에서 번역된 밀교 경전인 『문수사리근본의궤』文殊師利根本儀軌에서는 치유를 위해 거행된 의례를 묘사하고 있다. 그 의례에서는 만다라와 신성한 새인 가루라迦樓羅, Garuda의 소상을 세우라고 말한다. 만든 소상 앞에서 주문을 외우고 불태우는 의식이 뒤따르는데 이때 음식, 동물, 식물, 심지어 사람 몸의 일부까지 태웠다.

티베트에서도 이와 비슷한 종류의 퇴마 의례를 시행했었다. 어떤 의례에서는 승려가 자신의 수호신을 불러내기도 한다. 그 수호신이 나타나면 승려는 공양물을 적이 위치한 방향으로 던진다. 이 제물은 적의 살과 뼈를 의미하며 또한 그 수호신을 상징한다. 또 다른 경우들도 있다. 예를 들어서 참cham이라는 의례무에서는 초상화가 사용되는데 이는 퇴마 대

그림 26. 마하칼라

마하칼라(혹은 대흑천大黑天)는 원래 시체를 먹는 악귀였으나, 후에 호법신으로서 중국, 티베트, 일본 밀교 전통에서 중요하게 모셔졌다.

상인 귀신의 얼굴이거나 무찔러야 할 적의 얼굴이었다. 그리고 종종 이 둘은 같은 것으로 여겨지기도 했다. 그 의례에서 제일 중요한 부분은 불교의 신 '마하칼라'Mahākāla(그림 26 참조) 가면을 쓴 승려가 악귀를 '풀어 주기' 위해서 초상화를 내리치는 것이다.

전쟁 시에는 승려들이 승리를 기원하는 비밀의례를 전장에서 거행했다. 1641년 제5대 달라이 라마는 짱Tsang 왕의 군대를 무찌르고자 이러한 의례를 행했다. 몽골에서도 욜모 텐진 놀부Yolmo Tenzin Norbu, 1598~1644가 왕을 대신해서 비슷한 의례를 시행했다. 또 중국의 지도자들은 20세기 초반까지도 티베트 라마승들에게 이와 같은 의례를 행할 것을 요구했다.

불을 사용하는 의례인 호마homa, 護摩 의식은 중국과 일본에서는 삼각형의 화로에서 지냈는데 ── 지금도 계속되고 있다 ── 이 화로에서 태우

그림 27. 호마 의식

현재 일본의 밀교종단인 진언종 전통에서 볼 수 있는 호마 의식. 호마 의식은 제물을 불에 던지면 그 화염이 하늘의 신에게 전달되고, 신은 이것으로 힘을 얻어 악귀를 제압하고 인간들에게 복을 준다는 고대 바라문 신앙에서 기원한 것이라고 한다.

는 종이 인형들은 소위 공격할 나쁜 이들을 상징한다(그림 27 참조). 1329년 일본의 고다이고 천황은 사악한 인간들과 악귀들을 재빨리 제거하기 위해서 자신이 직접 이 의례를 지냈는데, 이는 실제로는 좀더 실질적인 방식으로 당시 일본을 지배하고 있던 다른 이들을 제거하고자 하는 노력이었다.

이러한 의례들의 일부는 불교 이전부터 있었던 전통적 믿음에서 비롯된 것이다. 하지만 그럴지라도 여기서 우리는 이 '무속적 요소'를 그저 전 시대의 유물이라고 일축해 버릴 수 없다. 수많은 고승들이 이러한 의례들을 지속적으로 지내 왔다는 사실을 통해 볼 때, 이러한 무속적 요소들 역시 오랜 기간에 걸쳐서 불교의 교리와 의례 속의 일부분으로 자리매김해 왔다는 점을 알 수 있다. 종교에는 '유물'이라고 할 만한 것이 없다. 즉 살아 있는 전통의 한 부분으로 융합되어 필수적인 요소가 된 것, 아니면 못 쓰게 되어 사라진 것 둘 중 하나일 뿐이다. 사회학자 에밀 뒤르켐이 그리스도교의 예를 통해 보여 주었듯이 '종교'로부터 '주술'을 분리하는 것은 실제 사람들이 어떻게 신앙생활을 해왔는지에 대한 우리의 이해를 가로막는다.

서양에서는 불교가 난해한 철학적 개념 혹은 명상 테크닉으로 잘 알려져 있을지는 몰라도, 역사적으로 불교에서의 주술적 면모는 집권층이 늘 애호하던 전투 기술이기도 했다. 불교가 티베트, 중국, 일본에 처음 전파되었을 때, 이들에게 기본적으로 붓다는 토착신들보다 조금 더 힘 센 신 정도로 비춰졌다. 따라서 승려들도 기적을 일으키거나 마술을 잘 쓰기 위해서 피나는 노력을 기울였다.

불교가 또 중요하게 여기는 측면으로 신통력을 살펴볼 수 있다. 신통력에는 다음과 같은 여섯 가지 종류가 있다고 한다. 1) 물건을 관통할 수 있는 능력, 날 수 있는 능력, 야생동물을 제어할 수 있는 능력, 그리고 뭐든 원하는 형태로 자신을 바꿀 수 있는 능력 등이 있다. 2) 초인적인 눈을 가지는 것으로, 이를 통해 모든 존재의 죽음과 윤회를 다 볼 수 있다. 3) 초인적인 귀를 가지는 것으로, 우주의 모든 소리를 들을 수 있다. 4) 다른 이들의 마음을 읽을 수 있는 능력을 가지는 것이다. 5) 다른 이들뿐 아니라 자기 자신의 전생을 아는 것이다. 6) 모든 번뇌를 파괴할 수 있는 지혜를 가지는 것으로 다른 말로 무지함을 종식시켜 깨달음을 얻는 것을 의미한다.

이러한 신통력은 명상 훈련을 통해서 얻을 수 있다고 보았으며, 이는 또 다른 이들을 교화하기 위한 중요한 수단으로 인식되었다. 그러나 여기서 모든 번뇌를 끊는 지혜를 증득하기 위한 수행이 특히 불교적 수행이라 할 수 있을 것인데 이는 무색계無色界로 들어가고자 하는 수행이라는 점에서 그러하다. 무색계란 불교의 우주론에서 말하는 삼계, 즉 욕계欲界·색계色界·무색계 가운데 가장 위의 세계를 말한다. 나머지 다섯 가지 능력은 색계에 속하는 것으로 이런 의미에서 능력은 능력이라도 순수하지 못한 능력이다.

초기 불교도들은 이런 신통력에 대해 상반되는 두 가지 태도를 갖고 있었다. 비록 붓다가 자신은 여러 기적을 대중들에게 펼쳐 보였지만 그의 제자 빈두로가 신도들 앞에서 자신의 신통력을 과시해 보이자 이를 꾸짖었다고 한다. 이러한 신통력을 쓰지 말 것을 권하는 논리는 사회·역사적 상황 혹은 좀더 구체적으로 다른 종교집단 간의 경쟁적 맥락 속에 놓고 볼 필요가 있다. 이러한 신통력의 문제는 불교와 경쟁관계에 있었던 종교(힌두교, 도교) 전통에서도 중요하게 다루어졌는데 따라서 불교도들은 자신들의 전통에서 말하는 신통력이 여섯번째 신통력 혹은 더 뛰어난 힘이 있는 것이라고 주장했으며, 그게 여의치 않은 상황이라면 공의 논리로 신통력이라는 개념 그 자체를 비판하기도 했다. 어쩌면 탈신화적 형태로 보이는 것이 실은 전술 전략에 지나지 않는 경우가 많았는데, 그럼에도 이것은 여전히 신화적 담론 안에서 작동하는 것이다. 공의 논리가 여러 불교 논서들 속에서 겉으로는 철학적으로 해석될지 몰라도, 여기서 보듯이 사실상 공은 '신통력'의 역할을 담당하기도 했다.

초기 불교에서 존재를 부정하는 이성주의적 경향이 있었다는 점은 의심의 여지가 없는데 따라서 이 초기 불교도들의 눈에는 위에서 언급한 신통력이 그저 환영 같은 것에 불과했다. 이러한 경향은 팔리 경전, 서구의 불교 인식에도 영향을 주었지만 그럼에도 이것이 불교의 의견 전체를 대표하는 것이라고 보기엔 거리가 멀다. 초기 불교의 전통이 이 문제에 대해서는 양분된 태도를 보인 것에 비해 대승불교에서는 신통력에 대해 다소 애매모호한 태도를 취했다. 물론 우리는 신통력을 발휘하는 붓다와 보살의 예를 수많은 대승불교 경전 속에서 찾아볼 수 있다. 『법화경』이 대표적인 예인데 이 경전에는 인도인들의 취향에 맞게 신통력에 관련한 내용들이 정신이 어지러울 정도로 많다.

하지만 이것은 『법화경』을 번역한 외젠 뷔르누프와 같은 1세대 서구 불교 학자들이 갖고 있던 관점이었다. 또 다른 한편으로 신통력을 공의 논리로 해석하고자 하는 경향이 있었다. 따라서 이러한 신통력이 처음에는 대중들을 놀라게 만들지언정 끝에는 그들에게 실망을 안겨 주는 환영 정도로 이해되기도 했다. 불교경전에서는 불교 이외의 가르침을 믿는 자들이 보이는 그릇된 기적과는 차원이 다르게, 붓다가 보이는 기적은 진실하며 바른 것이라고 설하는데, 이는 붓다야말로 세상 전체가 단지 마술과 같은 환영이라는 것을 이해한 자이기 때문이라고 설명한다. 그러므로 일부 사람들은 공을 깨닫는 것은 초능력적 '힘'을 가진 존재가 되는 것으로 인식하기도 했다. 그러나 공을 깨닫는 것은 이러한 힘을 포함하는 동시에 이 힘을 무화無化시키는 것이기 때문에 모든 힘을 부정하는 것이기도 했다.

불교 의례를 통해 얻을 수 있는 신통력과 '세속적 이익'에 대한 불전 속의 수많은 이야기들은 붓다의 전기에 대해 사람들이 가진 상상력의 양면을 드러낸다. 내세와 이생의 구분은 눈에 보이는 것만큼 항상 분명하지는 않다. 예를 들어서 일부 장례의식이 죽은 이들의 해탈을 염원하는 것이면서도 또 한편으로는 죽은 이들이 귀신으로 되돌아왔을 때 야기할 수 있는 잠재적 위험으로부터 산 사람들을 보호하고자 행해지기도 했다. '나무아미타불'南無阿彌陀佛과 같은 염불은 죽은 이가 서방정토에서 왕생하기를 바라는 것인데, 이것은 또 죽은 이가 그간 죽인 동물이나 인간에게 복수를 당하지 않고 보호받도록 해주기 위한 주문이기도 하다. 승려들은 풍년이나 풍어를 기원하면서도 이 '나무아미타불'을 되풀이했다. 즉 이 염불은 이중적 이익을 보장하는 것이었는데, 한편으로는 인간의 입장에서 풍성한 수확을 위하면서도, 또 한편으로는 이렇게 염불의 힘을 통해 대규모로 희생된 생명들이 서방정토에서 구제받기를 위한 것이기도 했다. 따라서 실제 일어나고 있는 ── 혹은 상징적인 ── 폭력을 간과한 채, 주술적 의례에 대해서는 관대하게 불교적 잣대를 들고 해석하려는 일부 서양 학자들의 태도에 의문을 제기할 필요가 있다. 개혁을 향한 노력이 있음에도 불구하고 이러한 관습은 그 본성상 액땜적(주술적인) 요소와 수행적(종교적인) 요소를 다 갖추고 있었으며 앞으로도 그럴 듯하다. 이에 대해 '순수하게' 불교를 믿는 수행자들과 같이 전적으로 수행론적으로 해석한다면 미래에 대한 우려는 말할 필요도 없으며 불교의 진정한 본성과 그 역사를 잘못 판단하는 결과를 낳을 수도 있다.

21 _ 불교는 엄격한 채식주의를 주장한다?

불교에서 채식주의는 붓다가 힌두교의 동물 희생제의를 거부한 것에서 기원을 찾을 수 있겠지만, 또한 힌두교와 자이나교도들의 수행에서도 영향을 받은 것이다. 이는 아소카왕의 비문에서도 찾을 수 있는데 여기에는 동물 제의를 금하며 죽일 수 있는 동물의 범위와 고기의 소비에 대한 제한을 명시하고 있다.

붓다가 채식주의자였냐는 문제는 자주 도마 위에 오르는 주제이다. 많은 경전에서는 붓다가 고기를 입에도 대지 않았다고 주장한다. 그럼에도 불구하고, 앞에서도 언급했듯이 널리 알려진 또 다른 전통에 따르면 붓다는 돼지고기를 먹은 후 식중독으로 죽었다고 한다. 이 이야기는 오랜 세월을 두고 논쟁의 대상이 되어 왔는데, 어떤 학자들은 붓다가 고기를 먹었다고 하는 소문을 축소하기 위해서 '돼지고기'라고 번역되었던 원문 단어가 실은 버섯을 의미한다고 주장하기도 한다. 미국인으로, 선승이 된 필립 카플로Philip Kapleau는 『모든 삶을 소중히 여기기』To Cherish All Life라는 책에서 전 시대의 사람들처럼, 붓다를 죽음으로 몰고 간 '그 색다른 맛의 돼지고기'가 실은 송로버섯의 일종이라고 말한다. 그러면서 그는 다음과 언급한다. "이 문제에 대해 학문적인 접근은 놔두고서라도, 생각해 보라, 지각이 있는 사람이라면 어떻게 춘다Chunda가 자신을 방문한 스승에게 돼지고기를 공양했겠는가?"

만일 문헌만을 기준으로 판단한다면 붓다는 육식에 상당히 온건적 입장을 보였던 듯하다. 그의 사촌 데바닷타는 좀더 여기에 엄격했었고, 고기와 어류를 먹지 않도록 하는 것을 다섯 가지 규율에 넣고 승단에서 이를 지킬 것을 제안했다. 붓다는 이를 거부했는데 대신 당시 인도사회에서 이미 지켜지고 있던 규칙으로 열 가지 형태의 먹지 못하는 고기만 승려들이 먹지 말도록 지시했다. 즉, 승려가 지금 먹고 있는 고기가 그를 위해 잡은 고기라는 것을 모르기만 한다면 그는 그 고기를 먹어도 상관이 없다. 승려들이 고기를 먹기 위해서는 세 가지 조건 ──즉, 눈앞의 고기가 그를 위해서 잡은 것이라는 점을 보지도 듣지도, 의문을 갖지도 않음 ──이 필요한데 이것은 증명하기 어렵다는 점에서 다소 논쟁의 소지가 있다. 먹고 있는 고기가 어디에서부터 온 것인지에 대해 무지하다는 것도 다소 위선적인 면을 드러낸다. 좋아서 먹는 것이건 그게 아니건 간에 고기를 먹는 이는 수요가 공급을 생산해 낸다는 점에서 그 고기를 도살한 자와도 똑같이 책임을 나누어야 한다. 몇몇 불교경전들은 이 점을 인정하고 있기는 하지만, 불교 전통 전체로서는 이 문제를 교묘히 회피하는 경향이 있다.

그러나 규정은 점점 강화되어 갔다. 처음에는 승려들이 자신을 위해서 동물을 죽이는 것만 금지하는 것으로도 충분했다. 그러나 점차 다른 이들이 저지르는 도살 행위 역시 간접적이나마 승려들이 책임을 지게 되었다. 결국에는 고기를 먹는 행위는 살아 있는 것은 죽이지 않겠다고 하는 불살계不殺戒를 어기는 것이므로 따라서 승려들에게는 용납되지 않게 되었다. 이제 재가자만 도살하도록 하는 지점에서 모순 가득한 타협안이 이루었다.

대승불교에서 육식의 문제는 초기 불교보다 더 큰 문젯거리를 야기했다. 육식은 누구나 지켜 마땅한 규칙에 명백하게 반대가 되는 것으로 인식되었다. 중국 승려 관정灌頂, 561~632은 여기에 대해서 다음과 같이 말했다. "자기 자신을 가만히 잘 생각한다면, 우리는 감히 다른 생명들을 먹고자 욕심 낼 수는 없을 것이다." 혹은 브라만교에서 점점 채식주의자들의 수가 늘어가자, 불교도들도 이러한 대세를 따라가는 것이었을지도 모른다. 『능가경』楞伽經에서는 다음과 같이 말한다. "심지어 비불교도조차 육식을 금하는 마당에 어떻게 자비의 정신이 근간을 이루는 가르침을 믿는 불교도로서 육식을 할 수 있겠는가?" 고행을 한다는 측면에서 가축이나 어류를 먹지 않는 것은 그럴 만하다고 볼 수 있다. 이런 측면에서 채식주의도 결국 일종의 금욕 수행이라고도 할 수 있는데, 그 동기는 자비와는 별로 상관없는 것처럼 보이기도 한다. 『능가경』에서는 채식주의를 하지 않는 생활은 해탈에 장애가 된다고 하며, 혹은 더 낮은 존재로 환생할 수 있다고 한다. 따라서 적어도 이 맥락에서는 채식주의의 중요한 동기가 수행론적 입장에서 나온 것이지 생명에 대한 자비심에서 나온 것은 아닌 듯하다. 문화적·인구학적 요소 역시도 불교의 채식 전통에 큰 역할을 한다. 채식주의 전통 초기에 자비는 채식주의를 위한 이유로 늘 거론되지는 않았다. 예를 들어 인도의 승려들은 말고기, 코끼리고기 등을 금해야 했는데 그 이유는 이 동물들이 왕실을 상징하기 때문이었다.

중국에서 채식주의의 문제는 6세기 초엽부터 승려들과 재가신도들 사이에서 뜨거운 논쟁을 야기했다. 중국인들은 육식을 즐겨 했는데 특히 돼지고기라면 사족을 못 썼다. 또 고기의 소비란 항상 계급적 특권이 되어 왔는데, 사람들은 고기를 평소 늘 먹는 곡류에 대한 '보충 영양식'으로 생각했다. 어찌 되었건 불교 이전에 중국에서 육식이 논쟁의 대상이 되거나 윤리적 금기가 된 적은 없었다. 따라서 중국에서 불교는 먹거리 문제에 있어 오래도록 뿌리 내렸던 전통과 충돌하게 된 것이다. 완전한 육식의 금지는 단지 단식 기간 혹은 정화의 기간이라고 하는 특정 의례기간 동안에만 유효했다.

이 논쟁은 다른 관련 문제들(의례, 경제, 요리법, 식이법)에 대한 논쟁으로 번지기도 했다. 확실히 채식주의는 처음부터 보기보다 훨씬 복잡한 문제들을 내포하고 있었던 것이다. 채식을 하는 승려들은 홀로 수행할 경우, 상을 당했을 경우 등 특정 상황에 대해 타협점을 찾으며 중국적 전통을 이어 나갔다.

양무제梁武帝, 464~549는 채식주의를 아주 열렬히 지지한 인물로 알려져 있다. 그는 불교에 귀의한 이래 고관대작들의 동물 희생제의를 금지시켰고, 승려들에게도 채식을 할 것을 권고하였다. 양무제는 육식금지를 주장하는 『대반열반경』에서 큰 영향을 받고서 이러한 결정들을 내렸는데 실제 이 경전은 대승과 소승의 『율장』과는 정반대의 견해를 주장하는 경전이었다. 황제의 이 칙령은 곧 승단 내의 격렬한 논쟁을 야기했다. 채식주의를 지지하는 세력은 채식이 필요한 이유로 도살이 야기하는 문제점을 강조했으며, 채식의 이점과 다른 여러 경제적 이유들을 꼽았다. 초기에는 승려들이 채식을 꺼리는 경향이 다분했지만, 곧 엄격한 채식주의는 승단이 다른 재가자 집단들 사이에서 자신들을 구별할 수 있는 하나의 수단이 되어 갔다. 왜냐하면 재가자들에게는 여러 사회적인 의무를 준수하기 위해서 육식을 해야 하는 경우도 있었기 때문이다. 그러나 결국 이 육식의 금지는 재가 불교도들도 역시 따라야 할 규정이 되었다.

일본의 경우를 보면 문화적 맥락이 중요한 역할을 했음을 확실히 알 수 있다. 아미타불에 대한 완전한 귀의를 위해서는 자아마저도 완전히 버려야 하는데도 일부 승려들은 그 반대로 육식을 즐겼고, 이에 따라 신란親鸞, 1173~1263과 그의 제자들은 거꾸로 채식주의를 금지시켰다. 메이지 유신기 육식은 모든 승려들에게 허용되었으며 ── 결혼이 허용된 것과 마찬가지로 ──, 오늘날 일본에서 채식은 선방에서와 같은 특정한 곳에서만 볼 수 있다.

대승불교에서는 식물을 포함하여 모든 존재는 불성이 있으며 따라서 본래적 의미에서는 식물도 우리와 동일하다는 입장을 발전시켜 왔다. 특히 이러한 논의를 발전시켰던 일본의 승려 친카이珍海, 1093~1152는 다음과 같이 말했다. "모든 중생은 불성이 있으므로 모두 부처가 될 몸이다. 그렇다면 어떻게 부처가 서로를 잡아먹을 수 있는가?" 그러나 여기서 생각해 볼 수 있는 점은 심지어 채식주의마저도 문제가 있다는 것이다.

현대사회에서 서구의 불교도들은 상대적으로 엄격한 채식주의를 지키는 데 비해 일부 동양의 불교도들은 채식 전통에 대해 별로 개의치 않는 듯하다. 아마도 이렇게 함으로써 붓다가 보여 준 길을 따라간다고 느끼는지도 모르겠다. 혹은 또 달라이 라마에 감화를 받아 많은 이들이 채식을 하겠다는 다짐을 하고 있다. 그러나 한 언론 보도에 따르면 달라이 라마가 프랑스 대통령이 주재한 세계인권선언 제50주년 기념행사 자리의 다른 여러 주요 인사들과 함께한 만찬에서 다른 인사들에게는 고기가 서빙되고 달라이 라마에게는 특별 주문된 채식 요리가 서빙되자 그는 다음과 같이 말했다고 한다. "소승은 티베트 승려라 꼭 채식을 고집하지는 않습니다."

채식주의가 기대하지 않은 사회적 효과를 가져 오기도 했다는 점은 눈여겨볼 필요가 있다. 일부 사회학자들은 채식주의가 인도사회를 '성스럽게' 하는 데 큰 기여를 했다고 주장하는데, 채식이 인도 카스트제도 안에 사회적 유동성을 용이하게 만드는 수단으로 작동해 왔다는 것이다. 순수하지 못한 음식으로 간주되는 육식을 금하는 것은 승단과 같은 특정 단체의 의례적 순수성을 더 고양시키는 매개가 될 수 있었다. 그래서 채식주의는 사회적·종교적 차이를 표현하는 한 방법이 되어 왔다. 여기서 사회적 차별은 단지 한발짝 거리에 있는 것으로, 이 경계는 때에 따라서 넘나들 수 있다. 예를 들어 일본에서 부라쿠민은 수많은 사회적 차별을 받아 왔는데 그들의 직업이 대부분 부정하다고 하는 도살업이었기 때문이다. 역설적으로 이렇게 사회적 폭력은 비폭력의 이름하에 자행되어 왔다.

22 _ 불교는 보편주의적 가르침인가?

대승불교에서는 모든 존재는 불성을 가지고 있다고 한다. 민족적이고 문화적인 특성에 기반한 힌두교나 신도와는 달리 불교는 보편적인 가르침이며 모든 인종과 문화를 뛰어넘는 가르침이라고 한다. 그럼에도 불구하고, 초기 불교에서는 인도적 기원을 무수히 찾아볼 수 있다. 특히 불교우주론이나 업의 개념 등이 그 단적인 예이다. 불교를 순수한 가르침으로 만들려고 하는 노력이 있어 왔기 때문에, 이러한 인도적 요소들을 부차적인 것으로 보는 이들도 있다. 그러나 이러한 형태의 노력은 불교가 가진 전체적 면모를 드러내지 못한다.

　게다가 불교는 왕실과 긴밀한 관계를 유지했기 때문에 국가 의식의 형성에도 많은 영향을 끼쳤다. 그 한 예를 13세기 일본이 ——또 다른 불교도 국가인 ——몽골에 저항하던 경우에서 찾아볼 수 있다. 당시 몽골의 침략 상황에서 일본의 승려들이 국가적 위기에 맞서 의례를 올렸다. 사실인지 아닌지 그 덕분으로 '가미카제'神風가 불어서 일본은 위기에서 벗어날 수 있었다고 하며, 이때부터 국가 의식의 출현과 더불어 일본인들은 신이 일본을 보호해 준다고 하며 일본을 '신의 나라'神國라고 여기게 되었다. 이러한 일본의 국가 의식은 20세기 초에 다시 발현이 되었는데, 당시 아시아를 다 집어삼키겠다고 하는 일제의 야욕에 일조했으며, 일본제국 건설에 큰 역할을 담당했다. 제2차 세계대전 당시 수많은 일본의 불교지식인들은 온갖 현혹적인 수사를 동원해서 황권의 강화에 이바지했으며, 공공연히 전쟁을 지지하기도 했다.

근대 민족주의의 태동과 함께 불교에서도 근본주의로 향한 새로운 사조가 생겼다. 20세기 인도에서 불교가 부흥하게 된 것은 암베드카르의 사회개혁운동의 영향이 큰데, 그는 수많은 불가촉천민들이 좀더 나은 처지에서 생활할 수 있도록 그들을 불교도로 개종시켰다. 이를 통해 대규모의 힌두교 인구가 수세기 동안 그들을 옥죄던 카스트제도를 거부하기 시작할 수 있었으나 이에 반발한 힌두교 민족주의자들은 곧 불교 성지들을 공격하기 시작했고 서로 간의 물리적 충돌이 일어나게 되었다. 결국 상황은 두 근본주의 간의 대결 국면으로 변질되었다.

전통적 형태의 불교가 근대화를 이루는 과정에서 발견한 것 중에 하나가 불교는 미신이라고 하는 낙인이었다. 따라서 근대 국가가 갖고 있는 좁은 틀, 또 특히 그리스도교 교세의 빠른 확산 속에서 불교도들은 자신이 설 자리를 찾아야 했는데, 심지어 나중에는 그리스도교의 선교 전략을 불교에 도입하기도 했다. 20세기 초 근대화의 미명하에 민족주의를 껴안음으로써 불교도들 역시 민족주의운동에 참여하게 되었다. 곧 불교는 이전과는 완전히 성격이 다른 정치적 이슈에 휘말리게 되었다.

일본에서 선불교민족주의는 불교와 서구의 근대가 결합하여 낳은 결과물이다. 메이지 유신에 대한 반향으로 일본은 '신불교'New Buddhism

라는 용어를 만들어 내었는데, 이는 근대의 선불교에서 표출된 근대화되고, 세계주의적이고, 인도주의적인 불교라는 의미를 담고 있다. 일본 선의 배타주의는 자신들이 서구의 근대보다 더 우수하며, 보편주의를 향한 것임을 주장했다.

스리랑카에서 싱할라족 불교도들은 그리스도교의 선교 열풍에 대항해서 그들의 정체성을 강하게 주장했으며, 동시에 불교가 갖고 있는 주술적이고 미신적인 속성을 점점 지워 나가기 시작했다. 이들은 과격한 근본주의자적 태도를 취하며, 불교 교리 전통에서 '순수한' 교리를 재발견하고자 노력했다. 동시에 불교의 역사를 스리랑카의 역사와 동일시하기 시작했으며, 그러한 과정에서 불교는 서양 제국주의 세력에 대해 스리랑카를 보호하는 수단으로 인식되었다. 예를 들어 다르마팔라는 싱할라인들이 진정한 불교도로서 정체성을 찾을 수 있도록 불교적 요소 외의 다른 것은 일체 거부했다.

오랜 기간에 걸쳐 불교민족주의는 서구의 식민주의에 대한 반감 속에서 점점 그 영향력을 확장해 갔다. 불교도들은 애국적 차원에서 유용하다고 판단되는 불교적 교리들을 찾아내어 이를 선양하고자 노력했으며, 서구에서 수입된 그리스도교에 대항하여 불교야말로 자신들의 토착적인 특징을 나타내는 점들이라고 주장했다. 불교민족주의는 식민주의 영향 밖에 있었던 일본·태국과 같은 국가들에서도 찾을 수 있었다. 대조적으로 식민지로 전락한 나라들의 상황은 좀더 복잡했는데, 예를 들어서 스리랑카 같은 경우 불교의 부활은 정치적 독립 이후에나 가능했었다.

일제 시기 중국 승려들은 지배세력이었던 일본을 통해서 자신들의 입지를 확장시키고자 노력했었다. 이러한 사정으로 전쟁 말기에 중국의 승려들은 일본에 적극 협조했다는 오명을 뒤집어쓰게 되었다. 한국의 일부 승려들 또한 일제 치하에서 일제와 협력 관계를 유지했는데, 이것은 후에 한국불교 승단이 친일과 반일로 분열되는 단초가 되었다. 일제 해방 후에서야 한국의 불교민족주의는 자신들의 목소리를 낼 수 있게 되었다.

티베트의 경우에 이러한 민족주의는 그 시작이 좀더 늦다. 비록 티베트가 오랜 기간 외부 적들의 위협에 놓여 있어서 민족주의적 분위기는 있어 왔지만 티베트민족주의 자체는 1951년 중화인민공화국의 일부가 됨으로써 그 목소리가 사라지게 되었다. 그러나 실제로 티베트민족주의의 등장은 불교의 영향이라기보다는 현 달라이 라마의 카리스마 넘치는 지도력 때문이다. 내부의 갈등에도 불구하고 달라이 라마는 티베트 내에 살고 있는 자국민들과 전 세계에 뿔뿔이 흩어져 있는 티베트인 모두를 규합하여, 그들의 민족주의적 열망을 한곳으로 모으는 역할을 하고 있다.

이렇듯 각기 다른 아시아 국가들에서의 다양한 상황 차이와 애매모호한 민족이라는 개념은 불교민족주의가 갖고 있는 모순적 측면과 복잡성을 보여 준다. 일본불교의 경우 민족은 국가와 동일시되는데, 이러한 형태의 민족주의는 일제가 전쟁을 치르던 당시 국가에 대한 승단의 무조건적인 지원으로 드러났다. 이와 대조적으로 싱할라인들과 한국의 불교도들은 국가와 민족을 구분했다. 그러나 몇몇 경우에 볼 수 있듯이 불교도와 제국주의 지배 세력 간의 협력 과정을 살펴볼 때, 불교도들이 전쟁과 무력 점령이 몰고 온 문제점과 이에 따른 끊이지 않는 사회적 부조리를 인지하고 있던 것은 아니라는 점을 알 수 있다.

태국에서는 불교를 통해 국가 전체를 통합하고자 하는 노력이 있었는데 때문에 승려들이 승단의 구성원이라는 생각에서 한 단계 더 나아가 그들을 국가의 구성원이자 애국주의의 상징으로 생각한다. 이러한 방식으로 태국인들은 애국주의 담론에 참여를 해야 한다고 느끼며 국가적 차원이라는 명목으로 행해지는 폭력적 행위들을 정당화한다.

불교가 인도에서부터 시작하여 다른 지역과 사회로 전파되는 과정에서 그 자신의 가르침을 해당 사회에 맞게끔 조정해 왔다는 것은 주지의 사실이다. 그러나 많은 승려들은 여기에서 한 걸음 혹은 서너 걸음 더 나아갔는데, 일본 사무라이승려들의 영토전쟁 참여나 태국과 싱할라 승려들의 애국행위가 그 단적인 예이다. 13세기 몽골이 일본을 침략할 당시에 양쪽 승려들 역시 전쟁에 이바지했던 세력이었다. 제2차 세계대전 당시, 일본 승려들은 분명히 무자비함에도 불구하고 국가적 폭력을 '자비'라는 명목으로 정당화했다. 이렇게 불교는 불교가 가진 보편주의적 성향에도 불구하고, 각 불교가 뿌리 내리고 있는 문화적 맥락 속에서 이해될 수 있다. 왜냐하면 여러 민족주의적 불교 집단들은 그들이 존경해 마지않는 정부의 힘에 의지할 수밖에 없으며, 승려들은 애국심이 대단한 민족 국가의 시민이기 때문이다. 따라서 불교가 가진 국가적·초국가적이라는 두 입장 사이에는 긴장관계가 늘 존재한다. (몽골과 일본 사이의 전쟁처럼) 두 불교 국가 간의 충돌 과정을 볼 때, 불교도들은 불교가 '초국가적'임을 인정함에도 불구하고, 다른 한편으로 자신들의 국가를 지지하는 데는 단 한 점의 망설임도 없다.

19세기에 서구가 불교를 '재발견'함으로써 당시 불교도들은 불교를 민족을 초월한, 범아시아적 운동 혹은 보편적 종교로서 인식하게 되었다. 그러나 불교도들 간의 의도성이 깊은 이러한 외부친화적 태도는 그들이 가진 민족적 소속감을 앞지르지는 못했다. 이렇게 불교가 민족을 초월하는 하나의 정신으로 자리매김할 수 있었던 것은 정부를 잃고 망명 중인 달라이 라마나 틱낫한과 같은 인물들 덕분으로, 비교적 최근의 현상이라 할 수 있다. 종파나 국가에 따라 조금씩 다를지언정 승단 내의 모든 승려들은 똑같은 규율을 지켜야 한다고 사람들은 생각한다. 그러나 그 규율에 대해 얼마나 충실해야 할지에 대해서는 그 태도가 상당히 다양하다. 몇몇 국가들은 공권력으로 승단의 생활에 개입하여 승단 내 규정에 상당한 변화를 초래하기도 했다. 이에 따라서 승단 내 규율도 나라마다의 차이점을 갖게 되었다.

승려와 정치운동

불교의 사회참여는 점점 더 활발해지고 있다. 이러한 사회적·정치적 참여는 때로 유익한 결과를 가져오기도 하지만 때로는 해로운 결과를 가져오기도 한다. 개신교의 영향으로 '프로테스탄트 불교'라는 형태의 새로운 불교가 등장하게 되었는데, 이는 앞에서 언급한 다르마팔라와 같은 운동가들이 그 예이다. 다르마팔라는 특히 '미신적인 의례 행위'를 없앨 것을 주장하는데, 그는 불교의 이러한 측면이 대중으로부터 불교가 외면당하는 이유라고 보았다. 그는 불교는 미신과 의식을 거행하는 승려들의 손으로부터 벗어나서 '순수한' 불교로 되돌아가야 함은 물론이고, 승가는 사회의 요구에 좀더 적극적으로 부응해야 한다고 역설했다. 역설적으로 이는 불교가 사회문제에 대해 보여 왔던 소극성에 대한 그리그도교 측의 비판을 종식시키기 위해 나타난 하나의 대응 방식인데, 다르마팔라는 현재 스리랑카를 분열시키고 있는 정치적 다툼과 갈등에 승려들도 적극 개입해야 할 책임과 의무가 있다고 보았던 것이다. 남아시아 다른 사회에서 이러한 접근은 또한 '참여불교'라는 형태로 일어나게 되었는데, 참여불교는 해탈과 같은 전통적인 불교의 목표를 사회·정치적 용어를 통해 반식민주의적인 관점에서 재정의한다. 이들 개혁가들에게 해방이란 무엇보다도 사회적·경제적·식민주의적 억압에서 벗어나는 것으로 정의된다.

현재 티베트에서 일어나고 있는 움직임 역시 근본적으로는 타밀분리주의자들에 대항한 싸움이 벌어지고 있는 스리랑카나 준타 군부에 맞선 시위가 벌어지고 있는 미얀마에서 벌어지는 것과 맥을 같이 한다. 이렇게 여러 사회운동들은 지역적 맥락에서부터 민주화와 민족 정화를 추구하며 여러 가지 다양한 방향으로 흘러가고 있다.

불교는 미얀마민족주의와도 관련되어 있다. 그러나 이들은 스리랑카처럼 공격적 성향의 민족주의자들은 아닌데, 아마도 '근대화'가 된 적이 없었기 때문일지도 모른다. 승려들이 참여하고 있는 정치적 행동주의는 영국 식민지 시기로 거슬러 올라갈 수 있는데 1962년 군부가 일으킨 쿠데타와 독립 후에도 이러한 행동주의는 계속되었다.

2007년 9월 불교 승려들은 수도 양곤Yangon의 도로에서 군사정권에 반대하는 의미로 합장을 한 모습으로 가두시위 행진을 벌였는데 당시 수많은 인명이 희생되었다. 이 항쟁은 곧 다른 지방 곳곳으로 번졌으며 파코쿠Pakkoku라는 지역에서는 승려들이 차량을 불태우는 등 과격한 행동을 보이기까지 했다. 정부와 승려들 간의 극심한 대결은 3,000여 명이 넘는 인명 피해가 있었던 1988년 8월 사태 이후 시위는 근래에 보기 드문 경우였다.

미얀마 군부정권 역시 자신들은 불교도라고 주장한다. 바로 이 점을 이용해 미얀마 승려들은 이 군사정권으로부터 공양 받기를 거부하여, 이들이 내세를 위해 공덕을 못 짓도록 막을 수 있었다. 그러나 한편 승려들의 이러한 태도는 이해하기 힘든 물질주의적 대응으로 비춰지기도 했다. 다행스럽게도 이러한 항거는 좀더 '정치적으로 올바른' 방향으로 진전해 갔는데, 승려들은 아웅산 수치Aung San Suu Kyi 여사가 이끄는 민주주의민족동맹의 지원 속에 결집을 하기 시작했다. 아웅산 수치는 1991년 가택연금된 상태에서 노벨평화상을 수상했다.

미얀마 승려들의 경우는 싱할라 승려들이 타밀분리주의자들에 대항해 벌인 투쟁이나 티베트 승려들이 중국의 압력에 봉기한 것과는 많이 다른 것처럼 보인다. 그러나 이러한 여러 움직임 속에서 우리는 비슷한 경향성을 찾을 수 있는데 이를 '승려들의 정치화 현상'이라고 표현할 수 있을 것이다. 이러한 승려들의 정치화는 사찰 안에서 조용히 수행만 하는 것을 거부하고 세속의 문제에 적극적으로 개입하고자 하는 일종의 욕망에서 비롯한 것이다. 이러한 참여는 사회적·정치적 형태로 드러났는데, 정치적 측면은 쉽사리 애국주의적 광신주의로 변형되는 경향이 있었음을 볼 수 있다.

다수의 싱할라인들을 대표하는 싱할라 승려들과 달리, 미얀마 승려들은 많은 경우 소수민족 출신이다. 1988년에서 1990년까지 군사정권에 대항하며 벌였던 이들의 시위 목표는 소수민족의 인정 문제에서 민주화를 위한 요구로 전향되었다. 그러나 이 상황을 너무 이상화할 필요는 없다. 왜냐하면 이는 또 다시 민족문제 해결을 위한 항쟁이 머지않았음을 의미하기 때문이다. 예를 들어 2003년 미얀마 승려들이 이슬람교도를 공격하면서 폭동이 일어났던 점을 생각해 볼 수 있다. 그러나 전체적으로 볼 때, 적어도 미얀마 승단은 비교적 자신들의 정체성을 주장하는 데 있어 근본주의적 경향을 피하고자 노력하는 듯하다.

티베트에서 승려들 사이의 정치적 항쟁은 1951년 중국의 침공으로 야기되었으며, 1959년 라싸에서 무력 충돌을 낳게 되었다. 1987년 시위가 재개되었을 당시 승려들은 한편으로는 불교와 종단에 대해 충성심을 갖고 있었고, 다른 한편으로는 달라이 라마와 민족주의에 대해서도 충성심을 갖고 있었기 때문에, 이 둘 사이에서 어느 쪽에 설 것인지 어려운 결정을 내려야만 했다. 어떤 이들은 달라이 라마의 국제주의적 정책이 티베트불교의 미래에 더 해가 된다고 보기도 한다. 그들은 비교적 최근에 불거진 인권, 민주주의, 혹은 심지어 티베트국가 건설과 같은 추상적 가치와 보편주의보다 티베트불교의 운명이 더 중요하다고 생각한다. 이 새로운 형태의 무력주의武力主意로 승려들은 불교 전통을 존중하는 상태로 남든지, 혹은 중국의 탄압에서 벗어나 티베트 독립을 위한 항쟁에 가담해야 할지 두 갈래 중 하나를 선택할 수밖에 없었다.

타시 케둡은 그의 도반들이 가담했던 다소 체계적이지 못했던 무력행위에 대해서도 묘사하고 있다. 타시 케둡의 회고에 따르면 한 라마승이 다른 이들과 함께 폭탄제조 혐의로 체포된 사건이 있었다. "당시 체Che 사원의 승려들은 이 승려의 체포 소식을 듣고 레팅Reting 린포체를 석방시키고자 결의했다. 이 과정에서 체 사원 승려들의 행동은 이해할 수 없을 정도였는데, 당시 주지승이 이 문제에 개입하려고 하자 그 주지승마저 처형해 버렸다"고 한다. 이들은 레팅 린포체를 지키고 있는 군인들을 공격하기 위해 매복을 했다. "이 승려들은 목표 대상 군인들을 보자마자 총을 쏘았으며 맹렬히 그들을 쫓아가며 수많은 군인들을 사살했지만, 레팅 린포체를 석방시키는 데에는 실패했다.” 타시 케둡은 자서전의 다른 부분에서 어떻게 중국인들이 세라Sera 사원을 폭격했는지 생생하게 묘사하고 있다. 여기에 대한 응징으로 티베트 승려들은 직접 총을 제조해서 중국인들에게 복수했는데, 타시 케둡의 책을 보면 승려들은 자신들이 얼마나 많은 수의 군인들을 죽였는지 자랑스러워하고 있다. 그러나 이 무력 충돌은 티베트 승려들에게 원치 않았던 결과를 가져다주었다. 사원은 폐쇄당했으며 중국 군인들은 사원을 무참히 파괴했다. 이에 대해 달라이 라마가 모든 무장 투쟁을 금지할 것을 호소하자 그제서야 승려들의 항쟁이 점차 누그러졌다. 2008년 3월 다시 폭력 시위가 발생하긴 했지만 여전히 달라이 라마의 기본적 노선은 비폭력주의적 정책이다. 그러나 보다시피 현 달라이 라마 사후 이 불안정한 정국이 어떻게 될지 누구도 장담할 수 없다.

23_불교는 승가 중심의 종교이다?

불교는 본질적으로 여러 단체 수행 전통 중 한 형태라 할 수 있다. 불교 교단은 사부대중^{四部大衆}으로 구성되어 있는데 사부대중이란 비구, 비구니, 우바새^{優婆塞}(남성 재가신도), 우바이^{優婆夷}(여성 재가신도)이다. 모두가 다 중요하기는 하나 초기의 불교 교리는 승가, 즉 비구·비구니를 중심으로 발달했다. 그래서 대승불교를 재가자들의 종교적 열망이 더 강조된 새로운 전통의 출현으로 해석하려는 이들도 있다. 근대에 들어서면서 일부에서는 세속과의 인연을 끊고 살아가려는 승려들의 은둔적 성향을 불교 쇠퇴를 가져온 주범으로 몰기도 했는데, 이 시기 '참여불교'의 출현과 더불어 많은 이들이 불교의 근대화에 참여하기 시작했다. 그러나 역사를 살펴보면 불교는 정치적·사회적으로 세속사회에 늘 참여해 왔었고, 때로는 그게 과할 정도였던 적도 있다. 인도불교에서 탁발 행위는 승려와 재가신도 사이의 교환으로 여겨진다. 재가신도는 승려에게 공양을 통해 승단을 원조하며, 승려들은 그 대가로 법을 그들에게 설한다. 이 불교적 '경제활동'은 불교에서 사찰들이 대토지 소유주가 되어 경제적 안정을 이룬 뒤에도 불교의 주된 특징으로 계속 남아 있게 되었다.

승단주의는 불교적 이상향을 추구하려는 노력과도 관련되어 있다. 그러나 이것이 승려들이 사회적·정치적 경향에 무관했다는 것을 의미하지는 않는다. 불교사 속에서 스리랑카와 티베트 승려들의 무력 충돌, 혹은 일본 대형사찰들 간의 유혈사태는 심심치 않게 볼 수 있다. 사람들은 승단 내에서의 폭력을 보고서 말세가 다가왔다고 생각하는데, 이는 특히 말법 末法을 예언한 '카우샴비Kaushāmbī왕의 이야기'를 통해 잘 알려져 있다. 하지만 사실 이 이야기는 말법보다는 그리스인들, 샤카족, 페르시아인들의 침략 이야기와 더 관련이 있어 보인다. 외부의 침략자들을 무찌르기 위해 어쩔 수 없이 폭력의 사용이 필요했고 그후 불교의 가르침이 그 효력을 다하게 되었다는 것이다. 당시 작은 왕국을 지배하던 불교신자 카우샴비왕은 적들을 모두 격퇴하고 전장에서 그가 지은 나쁜 업들을 무마하기 위해 불교 승려들을 초대하여 큰 공양을 베풀었다. 하지만 공교롭게도 이 자리에서 서로 다른 학파의 승려들 간에 시비가 붙어 큰 싸움이 벌어졌고 결국 연회는 한 명의 승려가 죽음으로써 끝이 났다. 이 이야기의 후대 판본에 의하면 여기에 화가 난 왕은 불교를 아예 폐지해 버렸다고 한다.

승단 쇠퇴의 한 이유로, 대승불교 전통에서 초기 불교의 『율장』이 갖고 있던 과도한 엄격주의가 반발을 샀고, 이에 따라 대승불교가 순수한 의도와 자비심과 같은 온전한 도덕적, 내부적 기준에 바탕을 둔 좀더 완화된 해석을 적용했기 때문이라고 하는 견해가 있다. 규율과 완화 사이를 가로지르는 것은 그리 어려운 일이 아니었다. 밀교에서는 기존의 가치관가 전도된 가치관를 함께 드러내 주는 불이적 원리를 강조하는데 이 원리는 한편으로는 승가에서 율의 위반을 정당화하는 수단이 되기도 했다.

몇몇 대승 경전에서 볼 수 있는 윤리적 느슨함은 일본의 사무라이승려들과 같은 예에서 볼 수 있듯 승단 내 폭력의 전통을 만드는 단초를 마련했다. 그러나 일본에서만 이런 현상을 볼 수 있었던 것은 아니다. 중국의 소림사 승려들 역시 일본 해적들을 소탕하는 데 가담했던 사실은 잘 알려져 있다. 또, 한국에서도 승려들은 10세기 즈음부터 국토 방어에 중요한 역할을 담당하게 되는데, 여진(만주), 몽골, 일본——이 침략자들도 또한 다 불교도들이다——의 침략에 승군을 조직해서 대항했다.

일본의 경우에 봉건 체제의 확립 역시 승단의 폭력성을 드러내는 데 일조를 한 듯하다. 이런 측면에서 볼 때, 승가의 폭력은 역사적인 맥락이 다분한 듯하다. 티베트불교의 경우 좀더 교리적, 혹은 구조적 성향이 승단 내 폭력을 야기한 것을 알 수 있는데 인도밀교의 경우도 이와 마찬가지이다. 일본 승려들은 10세기부터 16세기에 걸쳐 짧은 물리적 충돌부터 장기간 전쟁까지 400여 건이 넘는 폭력적 행위에 가담했었다. 시라카와白河, 1053~1129 천황은 그의 영향력 범위를 벗어난 것 세 가지를 지명했다고 하는데, 그 첫째는 이미 던져진 주사위, 둘째는 범람한 가모가와鴨川, 셋째는 히에이산比叡山의 승려들이라고 했다. 천황은 히에이산의 승려들이 정부 정책에 반대하며 수도에서 시위를 한 예에 대해 언급하면서, 승려들은 그들의 정치적 목적을 위해 가능하다면 자신들을 지지하는 신들을 호위하고자 완전무장한 승려들을 내보낼 만한 위인들이라고까지 말하고 있다. 때로는 신들이 천상에서 내려온 것들을 눈으로 보는 것만으로도 승려들에게는 무력적 상황에 대한 결정을 내리는 데 충분한 동기부여가 되었지만 때로는 무기에 의지할 필요도 있었다. 승려들이 무기로 무장한 경우는 이세신궁伊勢神宮에서 처음 볼 수 있는데, 이러한 승려들의 무장 전통은 곧

그림 28. 일본 천태종의 본사, 엔랴쿠지

교토 외곽의 히에이산에 위치해 있으며, 사이초(最澄)가 세웠다고 한다. 천태종 승려들뿐 아니라, 가마쿠라 시대에 여러 종파들을 개창한 승려들 대다수가 모두 이곳에서 수학했다.

히에이산, 온조지園城寺(다른 이름으로 미데라三井寺), 고후쿠지興福寺, 도다이지東大寺와 같은 대형사찰들로도 급속히 번졌다. 11세기 말엽부터 승려들은 관가를 공격했을 뿐 아니라 서로서로 간에도 이권을 둘러싼 물리적 폭력이 끊이지 않았다.

사무라이승려라는 제도는 일본 천태종天台宗의 중흥조, 료겐良源, 912~985으로까지 거슬러 올라갈 수 있는데, 전설에 따르면 료겐은 히에이산을 수호하는 신이 되었다고 한다. 신이 된 료겐은 '승려'들이 그다지 자신을 잘 모시지 않자 몇 가지 규정들을 제정해서 지키도록 했다고 한다. 이 규정을 지켰던 승려들은 실제는 일반 사무라이들과 별반 다를 바 없었다. 즉, 이들은 활과 화살로 무장한 후 말을 타고 다녔다. 또 적들의 머리를 벤 다음 공개된 장소에 그것을 걸어두는 행위도 서슴지 않았다. 이들의 물리적 폭력은 나이 많은 승려들이 적을 무찌르고자 시행하는 의례적 폭력을 보완하는 것이기도 했다.

히에이산에 있는 일본 천태종의 본사, 엔랴쿠지延曆寺 승려들과 비와琵琶 호숫가에 위치한 천태종의 또 다른 사찰 온조지, 그리고 나라奈良에 위치한 사찰인 고후쿠지 사이의 갈등은 더욱 빈번했다(그림 28 참조). 이 경쟁 관계에 있던 이 사찰들은, 여러 차례에 걸친 승려들 간의 물리적 충돌로 인해서 반쯤은 혹은 경우에 따라 거의 다 파괴되기도 했다. 1040년 온조지가 독자적으로 수계를 할 수 있는 계단戒壇 설립을 인가받게 되고, 그에 따라 엔랴쿠지로부터 독립을 하게 되자, 엔랴쿠지의 승려들은 이에 대한 보복으로 온조지를 불태워 없애 버렸다. 1181년 엔랴쿠지 승려들은 수도 교토京都에 위치한 고후쿠지의 말사인 기요미즈데라淸水寺도 파괴했다. 사찰들 간의 교리 해석이나 승계권을 둘러싼 분쟁에서 한 걸음 더 나아가, 영토 분쟁도 이러한 폭력적 행위의 시발점이 되었다. 이러한 현상의 원인으로 대형사찰들이 대토지의 소유주가 되었던 점에서 찾을 수 있다. 사찰들의 토지는 일본 열도 한 끝에서 다른 끝까지 넓어져 갔는데, 그 가운데에서 사찰들 간의 대립은 불가피했다. 나라에서 별로 멀지 않은 곳에 위치한 천태종의 또 다른 중심 사찰 도노미네지多武峯寺는 고후쿠지의 세력이 크게 힘을 뻗치던 지역 한 가운데에 위치했던 까닭에 결국 1081년 고후쿠지 승려들에 의해서 파괴되었다.

이 모든 일들을 보며 당시 사람들은 이것이 '말법'의 시대가 도래했기 때문이라고 생각했다. 공식적인 환산으로 말법은 붓다 사후 1500년이 지난 후인데, 그때가 바로 1052년이 되는 해였다. 이렇게 정법이 점점 내리막길을 걷는 시기에 승려들은 더 이상 『율장』의 규율에 의지해서만은 청정한 삶을 이끌어갈 수가 없었다. 더 구체적으로 사무라이승려들은 불법과 불법의 물리적 상징인 사찰과 사찰의 토지는 이제 위험상황에 처하게 되었으며 자신들이 이를 보호해야 한다고 생각했다.

여러 일본 역사가들은 이러한 현상이 중세 일본에서 나타나는 특징적인 모습이라고 평가하는데, 사무라이승려 전통은 봉건주의에 대한 두 가지 반응을 대표하는 것이기 때문이다. 사찰들의 군사화는 그들이 광대한 토지를 관할하게 됨으로써 나타난 어쩌면 자연스러운 현상이다. 승려들은 세속정권이 사찰 재산의 보호를 장담했더라면 비폭력의 정신을 고수할 수도 있었겠지만, 비폭력의 정신은 시간이 가면 갈수록 점점 더 보기 힘들었다.

16세기 말엽 사찰 폭력을 종식시키기 위해서 이러한 대형 본사들을 손볼 필요가 있었다. 그래서 1571년 오다 노부나가織田信長는 히에이산의 사찰들을 불질러 버렸다. 오다 노부나가를 계승한 도요토미 히데요시豊臣秀吉는 1585년 네고로지根來寺라는 진언종의 본사를 포함하여 히에이산의 나머지 사찰들을 또 불태워 버렸는데 이때 사찰들이 보유했던 사병 조직까지 근절시켜 버렸다. 이러한 일본불교사에서 피로 얼룩진 사건들은 일본 봉건주의 말기의 특징을 보여 주는 한 단면이다.

일본의 대형사찰들이 중세 말기에 연이은 가혹한 처벌로 과거의 번영을 회복하지 못했던 것에 비해 티베트의 대표적 대형사찰인 데풍Drepung과 세라 사원은 최근까지도 사찰 내에 대규모 사병 조직을 갖고 있었으며, 이에 따른 문제점을 드러냈다. 1959년 중국의 침략이 있기 전날을 기준으로, 라싸 시 외곽에 위치한 데풍 사원에는 만 명의 승려가 거주하고 있었는데, 1976년 문화혁명 말기 데풍 사원의 승려 수는 삼백 명으로 줄어들었다. 근자에는 다시 그 숫자가 증가하여 육백 명 정도의 승려가 수행을 하고 있다고 한다.

티베트의 승가는 대규모를 자랑한다. 대부분의 승려들은 어린 시절 부모님의 손에 이끌려 와서 남게 된 경우이다. 태국에서는 승려의 숫자가 전체 남성 인구의 1퍼센트 혹은 2퍼센트 정도인 데 반해, 티베트에서는 이 숫자가 10~15퍼센트에 이른다. 따라서 이렇게 규모가 큰 단체생활 속에서는 규율을 유지하기가 여간 어려운 일이 아니다. 중세 일본사찰들처럼 티베트사찰들에서 승려들의 치안 조직을 볼 수 있는 것은 이와 같은 이유 때문이다. 앞에서 언급했듯이 이 치안 조직이 잘 알려지게 된 이유는 타시 케둡의 자서전 덕분인데, 이로써 우리는 종래 우리가 갖고 있던 사원에 대한 이상화를 재평가할 수 있게 되었다. 여기서 타시 케둡의 삶을 좀더 자세히 살펴보자. 그는 아주 어렸을 때 부모님의 손에 이끌려 승려가 되었다. 그러나 명상이라든지 경經 공부는 그의 취미에 도통 맞지 않았다. 대신, 활달한 성격이었던 탓에 좀더 활동적인 수행이 그에게 더 맞았던 듯 한데, 그래서 그는 돕돕에 들어가게 되었다. 돕돕에 대해서 타시 케둡은 다음과 같이 회고한다. "우리들은 자주 싸웠다. 하지만 만약 힘과 용맹함을 기르는 것만 수행으로 용인된다면 싸움 말고 무엇을 더 하겠는가?" 타시 케둡은 특히 칼을 다루는 데 재주가 있었다. 한번은 말다툼이 벌어진 적이 있었는데, 어쩌다 그는 자신을 공격한 상대 승려를 칼로 찔러 버렸다. 둘은 그에 대한 벌로 채찍질을 당했다. 그러나 이 벌은 별 효과가 없었던 모양으로 타시 케둡은 얼마 후 다시 똑같은 행동을 또 저질렀다. 이번에는 한 학승이 자신을 무시했기 때문이었다. 타시 케둡에게 중국 군대의 진입은 그의 용맹함을 이용할 수 있는 좋은 기회였다. 1959년 라싸에서 봉기가 일어난 후, 그는 달라이 라마가 400여 명의 승려들과 함께 주석하고 있던 포탈라궁을 방어하는 데 일조했다. 달라이 라마가 인도로 망명을 간 후, 타시 케둡도 그를 따라 인도로 가게 되었다. 하지만 인도로 가는 도중, 그는 상처를 입게 되었고 결국 다리 한쪽을 잃어버렸다. 하지만 운명의 여신은 그를 버리지 않았다. 그는 인도에서 리처드 스넬그로브 Richard Snellgrove라는 영국인 학자를 만나게 되었는데, 스넬그로브의 도움으로 영국에 갈 수 있게 되었고, 가자마자 곧 영국 여인을 만나 결혼을 했다. 이 '평범한' 승려의 경우에서 보듯이 승려들도 결국은 남자이며, 승려들이 사실 비록 도덕적 기준을 좀더 높인 삶을 살고 있기는 하지만, 승단 내에서도 사회와 별반 다를 바 없는 문제들을 떠안고 살아가고 있음을 볼 수 있다.

불교 승가주의

불교에서 승단의 중요성은 더 강조할 필요도 없을 만큼 중요하다. 승려들은 재가신도들이 승려들만의 특권을 침해한다 싶으면 거기에 대해 과감히 행동해 왔다. 이러한 태도는 1904년 실론(지금의 스리랑카)의 승려들이 영국의 국왕 에드워드 7세에 반대하며 일으킨 시위에서 잘 나타난다. 당시 승려들은 다음과 같이 주장했다. "불교의 가르침에 따르면 세속주의는 종교라고 할 수 없소. 승려들이야말로 지상에서 유일한 살아 숨쉬는 불교의 대표자일 뿐이오." 그러나 사실 승단의 우위성에 대한 문제는 불교 역사를 통괄해서 볼 때, 많은 도전을 받아 왔음을 알 수 있다. 승려와 재가신도 사이의 구분은 그리스도교에 비해서는 상대적으로 약한 편인데, 승려는 언제든 꽤 쉽게 절 생활을 접을 수 있다. 태국에서는 비록 짧은 기간이 기는 하지만 모든 젊은 남성들은 절 생활을 해야 하는데, 태국인들은 이를 의무적인 통과의례로 여긴다. 일본의 승려들은 심지어 결혼도 할 수 있으며 성생활도 당연히 가능하다. 이외에도 구족계를 받은 비구와 재가신도 사이에는 수많은 종류의 중간 단계 지위가 가능하다.

승려와 재가신도 사이의 역학관계는 인도에서 승단 전통이 처음 출발하던 시점에서부터 정해지게 되었는데, 이 둘의 나뉨은 출세간적 생활에 대한 이상과 세간에서의 적극적 자비활동 추구라는 입장의 차이와도 같다. 적극적 자비활동에 대한 개념은 대승불교에서 꽃을 피웠다. 초기 불교에서 재가자의 이상은 승려들이 꿈꾸는 이상보다 더 열등한 것이었다. 재가자들은 단지 좀더 나은 내생을 희망했다. 반면에 승려들은 해탈을 추구하는 자들이었다. 그러나 대승불교에서는 재가자들이 승려들의 이상에 도전장을 내밀기 시작했다. 예를 들어 『유마경』에서 재가자 유마는 '세간에 머무는' 보살의 자비심을 가진 인물로, 소승의 수행자로 대표되는 아라한들의 수행에 따끔한 일침을 가하는데 이는 이 경전이 제작될 당시 많은 승려들이 순수주의라는 이상에만 사로잡혀 있었음을 의미한다.

초기 승려들의 전형적 이미지는 세속을 떠나 탁발로 끼니를 이으며, 외로운 수행의 길을 고독하게 걸어가는 모습이었다. 이들에게는 특정한 거주 공간이 없었으며, 승려들은 인도 전 지역을 돌아다니면서 수행을 했는데 여름철 우기에만 한곳에 머물면서 지냈다. 그러나 실제로 마을과 시내에도 사찰의 숫자는 급증해 갔으며, 일부 비구와 비구니들은 이곳에서 정착생활을 시작해 나갔다. 승가생활은 의례 시기를 기준으로 나뉘어 있었는데, 한 달에 두 번, 즉 초하룻날과 보름날에 대중 앞에서 승단의 규칙을 합송하는 포살布薩 의례에 중심이 맞추어졌다. 이 의례에서 비구와 비구니들은 자신들이 지켜야 할 율의 목차를 암송해야 했는데 이와 함께 그들이 율을 어겼다면 여기서 고백해야 했다. 이 의식은 수행자로서의 청정함과 승단의 단합을 이러한 과정을 통해서 확인하는 것이었다. 그러나 도심 사찰의 수가 점차 늘어 감에 따라 승단의 종교적 의례는 마치 일상생활처럼 되어 버렸으며, 초기 승단의 모습들은 물질적 번영으로 인해 점차 퇴보하여 갔던 듯하다.

일부 학자들은 대승불교가 초기 불교적 가치인 승단의 화합과 공동체적 가치의 퇴보를 의미한다고 보기도 한다. 그러나 여기서 승려와 재가자들이 상반된 가치를 가지고 있었다고까지 과장할 필요는 없을 듯하다. 다만 재가자들은 그들의 행위를 통해 선업을 쌓는 데 좀더 관심이 있었던 반면, (항상 그런 것은 아니었지만) 승려들은 보통 구제의 문제에 더 열심이었다. 선업을 쌓는 것은 승려들의 수행 목표이기도 했는데, 그래서 어떤 경우에 계를 받아 승려가 된다는 것은 좀더 편안하고 보호받는 삶을 보장하는 방법으로 인식되기도 했다. 대조적으로 해탈은 적어도 유마를 닮고자 하는 일부 재가자들에게 있어서는 그리 멀게만 느껴지는 목표점은 아니었다. 물론 대부분의 종파에서 수계란 깨달음으로 향하는 필수 조건이었지만, 다른 일부 종파에서는 재가자도 이러한 이상향을 이룰 수 있다고 보았다. 대승불교에서 주장한 것으로 의례나 좌선을 통해서 획득한 공덕을 회향한다는 생각은 오직 자신만이 자신의 개인적 업을 조율할 수 있다고 생각하던 기존 승려들의 특권을 빼앗는 결과를 초래했다. 초기 불교에서 업은 전적으로 개인적인 것이었으며 승려들의 고도의 수행을 통해서만 이 업은 움직여질 수 있고, 따라서 해탈로 한 걸음 더 다가갈 수 있다고 보았다. 하지만 자신이 쌓은 공덕을 다른 이들에게 전달할 수 있다고 하는 사고가 점점 힘을 얻으면서, 이제 어떠한 것도 가능하게 되었으며, 승려들과 재가자들을 구분하던 지점은 점점 더 분명치 않게 되어 갔다.

붓다 재세 시절에 몇몇 힘 있던 재가자들, 특히 왕들은 불교에서 이상적인 존재가 되었다. 붓다 자신 역시 세속을 등지고 깨달은 자가 되었을 뿐 아니라 세상을 다 다스리는 전륜성왕이 되었다. 그래서 붓다의 장례 역시 왕가식으로 치러졌었다. 밀교에서 승려들의 수계는 왕을 위한 종교 의식을 본뜬 것이다. 이것을 관정灌頂 의식이라고 하는데, 새 군주에게 네 방향의 바다四海에서 가져온 물을 왕의 머리 위로 뿌리는 의식으로 그가 전 세계를 통치하는 왕임을 상징적으로 보여 준다. 서구에서 왕의 칼이 종교적·세속적 이미지를 동시에 가진 것처럼 불교에서는 붓다와 전륜성왕이라고 하는 두 개의 '법륜' 사이에서의 조화를 추구했는데, 이 두 개의 법륜은 각기 불교승단과 왕실을 상징하는 것이기도 했다. 이 논리는 인도 밖에서 그 정점에 달했는데, 중세 일본에서 우리는 그것을 볼 수 있다.

승단이 생산은 없이 사회에 기생한다고 하는 일부의 비판은 때로는 반불교적 정서를 불러일으키기도 했다. 845년 중국에서 발생한 폐불사건 (당 무종武宗)은 이러한 비판이 가장 폭력적으로 표출된 예로 당시 2,000여 명이 넘는 비구와 비구니가 강제로 환속당했으며, 수많은 사찰과 불상이 파괴되었다. 문화혁명기에는 전혀 다른 정치적 맥락에서 이와 비슷한 일이 벌어졌는데, 중국과 티베트의 불교는 이제서야 서서히 그 여파로부터 회복하고 있는 중이다.

역사 속에서 승단은 다양한 모습으로 변모해 왔다. 어떤 문화권에서는 승려들이 결혼도 할 수 있으며 ── 그러나 비구니들은 여기서 제외되고 있다──, 또 다른 한편에서는 재가 불교에서 강조하는 세속에서의 삶의 가치도 역시 중요하게 여겨지고 있다. 최근에 이르러 재가자 중심적 성향이 강한 불교가 약진하고 있는데, 이들은 특히 승려들의 독신 전통 폐지를 주장한다. 이러한 흐름은 심지어 세속과 단절된 상태를 더 선호하는 단체들 사이에서도 볼 수 있다. 이 개방화의 몸짓은 종래 불교가 불교 내에서 여성에게 부여한 열등한 지위에 대해 이것을 재고하자는 움직임과도 연결되어 있다.

결론_불교 혹은 새로운 불교?

서구인들의 눈에 적어도 19세기 말까지 불교는 그리스도교의 대척점에 있는 가르침으로 인식되었다. 하지만 최근 불교는 서구에서 해결하지 못한 모든 문제를 다 치유하는 만병통치약처럼 인식되고 있다. 즉, 과거에는 악이라고 취급했던 것이 지금은 선으로 취급된다. 서구인들이 불교에 매료당한 이유는 불교가 현대 세계의 갈등 양상에 신뢰성 있는 대답을 제공할 수 있다고 하는 생각에서 비롯한 것으로, 이들은 불교를 믿는 것이 다른 종교로 전향한다고 생각하기보다는 정신적 추구에 대한 노력이라고 본다. 그러나 여기에는 이상화시킨 불교, 그리고 순전히 '정신적' 형태만의 불교에 대한 생각이 그 밑바탕에 깔려 있다. 이러한 형태의 불교를 '신불교'Neo-Buddhism로 이름을 붙일 수 있을 텐데, 이는 동양에서 그간 수많은 어려움을 고수하며 지켜 왔던 불교 전통과는 사뭇 다른 형태이기 때문에 우리는 여기서 이것을 구별할 필요가 있다.

'신불교'는 개인적인 접근과는 무관한 무맛·무취의 정신적 추구라는 형태를 띠는데, 불교는 일종의 입맛따라 골라먹는 메뉴와도 같이 여겨진다. 여기에 정신적 추구가 이미 내재되어 있다는 것은 현대사회에서 개인들의 특성, 즉 충족을 향한 또 다른 형태의 욕망에 불과하다. 이는 다소 역설적인데, 불교에서 이론적으로는 자아라는 개념을 부정한다는 점에서 그러하다. 이 새로운 불교모더니즘은 대중매체들의 방송에서 쉽게 찾을 수 있는데, 예를 들어 미국의 대통령과 달라이 라마가 대화를 나누는 모습, 혹은 달라이 라마에게 인도주의 문제에 대한 견해를 묻거나 그가 다른 종교지도자 혹은 과학계의 인사들과 대담을 나누며 상대방을 설득하는 모습 등이 그것이다. 모더니즘을 향한 운동은 동양의 불교도들에게도 영향력을 끼쳤는데, 예를 들어 많은 사찰들은 이제 거의 모두 홈페이지를 제작해서 사찰 홍보에 힘쓰고 있다. 또 '새로운 불교'는 바로 '새로운-그리스도교'가 선, 그리스도교 양쪽 모두와도 별 상관없이 종교 간의 대화를 시도한다면서 때로 '선 미사'를 드리는 것에 반대하여 등장한 것이기도 하다. 그러나 이는 엉뚱한 방향으로 너무 많은 열정을 쏟았을 때 나타나는 역효과가 아닌가 한다.

어떤 이들은 불교사상이 실제 불교가 꽃피운 동양문화권에서보다 서양에서 더 효력을 발휘할지도 모른다고 한다. 그러나 이러한 불교사상이 불교문화와 쉽게 분리될 수 있는 것인지는 의문스럽다. 그렇게 분리해 내려는 태도는 마치 불교의 '본질'은 보편적이라고 하는 것과 같다. 하지만, 실제 불교의 사상이 탈문화적 맥락에서 이해된다면 그것이 하나의 철학이 된다기보다는 불교가 갖고 있는 공유의 생명력을 해치는 것이다. 마치 불교의 수행을 유도나 합기도에 비유하며 일종의 체력단련으로만 이해하듯이 말이다. 또 한편 불교 승려가 된다는 것은 구족계를 받는다는 것을 의미하는데, 이러한 전통은 사상보다는 문화와 좀더 가까운 것이 아닌가

하는 인상을 갖게 된다. 사실 몇몇 불교 종파들에게 수계의 과정은 붓다의 정신적 계보를 의례를 통해 잇는 것을 의미한다. 불교도들이 어느 특정 종파에 소속된다고 하는 개념은 서구에서 일반적으로 소속에 대해 갖고 있는 생각과는 한참 거리가 먼 듯하다. 불교 전통에서는 스승과 사제가 얼굴을 맞대고 앉아 이심전심으로 전법을 행하는 전통이 중요한 부분을 차지했는데, 특히 이는 선불교의 주된 특징이었다. 그러한 의례적 형태를 띤 전승을 통해서 제자들은 나중에는 스승, 즉 붓다가 될 수 있는 것이었다.

최근의 현대불교에 대한 다양한 연구 성과들은 유럽과 미국으로 이주한 동양인들이 비록 문화적 차이를 인지하면서도, 이주 지역에서도 그들이 믿는 불교를 보편화하려는 성향이 있다는 것을 보여 준다. 이 이주자들은 불교를 근대화·이성화하는 데 초점을 맞추어서, 자신들이 갖고 있는 서구적 가치와 양립할 수 있도록 노력하는 경향이 있다. 그러나 이러한 자발적 문화변용은 부분적으로 특정 의례와 주술적 수행을 지워 버리고자 하는 성향에서 비롯한 것이며, 또 이들의 자본주의 세계에서 성공하고자 하는 열망을 반영한다.

한편 이민자들의 '민족적' 불교는 너무 의례 중심적이거나 신심만을 강조하는 성향을 가지고 있는 경우도 있다. 한마디로 너무 '가톨릭'적이어서 서구인의 관심을 불러일으키기에는 역부족인 경우이다. 우후죽순처럼 생겨난 많은 불교 단체들은 대개 좌선 수행을 강조하는데, 일부는 이것이 '본래의' 불교가 갖고 있는 측면을 반영한다고 생각할지 모르나, 이는 또 서구인들의 이미지 속에서만 존재하는 불교의 모습이기도 하다. 서구인들이 훌륭한 '동양' 종교의 하나인 불교에 매료당한다고 하는 것은 다는 아닐지라도 '오리엔탈리스트'적인 편견을 내포한 것이기도 하다.

심미적이고 '정신적'인 불교의 측면을 강조하고 내재적인 원리에만 집중하는 경향은 불교가 가진 풍부한 생명력을 음미하지 못하게 하며, 동시에 여러 다양한 문제점을 못 보게 만든다. 불교가 가진 지적·종교적·신적 면모에 대한 완전한 이해는 불교가 비서구사회에서 어떻게 발전해 왔고 어떻게 현재도 계속해서 번영하고 있는지를 살펴보는 데서 그 가능성을 찾을 수 있을 것이다.

오직 비판적이고 충분한 자료를 통한 신중한 접근만이 '신불교'나 뉴에이지 사조에서 비롯한 '신밀교' 같은 전통 속에서 자신의 중심을 잡는 데 도움이 될 것이다. 근래에는 인터넷의 연기적 힘 덕분에 밀교 입문 의식마저도 웹상에서 할 수 있게 되었다. 불경에서 말하던 우주에 대한 비유는 이제 눈앞에서 벌어지는 실재가 되었으며, 물리적 거리도 문제가 되지 않는다. 우리를 움직이는 것이 마음이 아니라 이제 마우스의 클릭이 된 세상에서 새롭게 등장한 불교의 여러 형태들은 우리에게 과연 무슨 의미를 줄 수 있을까? 만약 우리가 의례에 의해 표출되는 실재처럼 실재에 대한 생각만을 고수한다면, 숨 가쁘게 모든 것이 디지털화하는 오늘날, 실재는 오직 실재와 유사한 모습만 남겨질 것이며, 따라서 이는 무효한 것일 뿐이다. 그러나 만일 우리가 밀교 의례의 효과가 본질적으로 상상에 의한 것, 심리적인 것으로 그 효과는 가시적 세계에서 어떠한 진짜 소통도 가져오지 않는 것이라고 인정한다면, 우리는 아마 인드라망의 구조를 형태로 드러낸 인터넷의 발명에 감사를 할 수 있을 것이며, 아마도 인터넷이 밀교를 이해하고 한층 더 가까이 다가가게 도와줄지도 모른다. 모든 이들은 자신들의 마음을 스스로 결정해야 한다. 인터넷에서는 타인을 속일 기회를 노리는 세력이 무수히 많다. 그 예가 Tantra.com과 같은 웹사이트인데, 이것은 밀교와는 상관없이 '황홀한 섹스와 성스러운 유대관계'를 알려 준다는 곳이다. 이러한 곳은 포르노나 '성문제 해결'을 광고하는 웹사이트와 다를 바가 없으며 닉 더글라스Nick Douglas 같은 사람이 쓴 『성의 비밀: 엑스터시의 연금술』과 『영적 섹스』 같은 책을 홍보하는 장소일 뿐이다.

여기에서 간과하지 말아야 할 점이 있다. 즉, 전통적 밀교를 믿는 이들에게 있어 차크라chakra·만다라·신이란 그저 상징이 아니었다. 그들에게 이것들은 외부의 실재보다 더 실재하는 것으로, 굳게 이것을 믿었다. 그러나 그들은 또 이러한 것들은 본질적으로 공하다는 것을 인정한다. 현대인들은 이들을 믿지 않고 이것들이 만들어 내는 '실재'를 인정하지 않은 채, '상징적'으로만 이를 해석하려는 오류를 범한다. 그러나 서구의 문화적 맥락 속에서 이러한 실재들을 믿는 것이 전적으로 불가능해 보인다. 게다가 '숭배'와 여러 수상쩍은 구루들이 만연한 오늘날의 시대에 이러한 실재적 접근은 위험요소가 많다. 이러한 상징들을 충분히 이해하기 위해서는 충분하고도 깊게 그것이 가진 역사적이고도 실제 생활 속에서의 맥락 파악이 필요하다. 바로 이러한 점을 뉴에이지 사조에서는 반영하지 못했기 때문에 이들은 밀교를 현대세계에 적용하는 데 오해만 양산하고 있으며, 밀교의 효과를 설명하는 데 실패한 것이다.

그렇다고 모든 형태의 '신불교'를 거부해야 한다는 의미는 아니다. 그러나 '신불교'가 일종의 뉴에이지 사조에 더 가까우면서도 여전히 자신들이 정통 불교를 대표한다고 주장할 때 이는 문제가 된다. 또 다른 한편으로, 자신들이 불교를 대표한다고 주장하면서도 불교도라고는 부르지 않는 까닭은 무엇일까? 이 부분에 대해서 저자는 아무런 권위도 힘도 없기 때문에 그저 질문을 던지는 것으로 만족하려 한다.

참고문헌

Artaud, Antonin, "Address To the Dalai Lama" *The Sources of Surrealism : Art in Context*, Lund Humphries Publishers, 2006.

Austin, James H., *Zen and the Brain*, Cambridge, Mass. : MIT Press, 1998.

Blondeau, Anne-Marie, "Religions du Tibet", *Histoire des religions*, Paris : Encyclopédia de la Pléiade, 1976.

Claudel, Paul, *Knowing the East*, Princeton : Princeton University Press, 2004.

De Bary, William Theodore(ed.), *The Buddhist Tradition : In India, China, and Japan*, London : Vintage, 1972.

De Berval, René(ed.), *Présence du Bouddhisme*, Paris : Gallimard, 2008.

Droit, Roger-Pol, *L'Oubli de l'Inde : Une amnésie philosophique*, Paris : Seuil, 2004.

_____, *The Cult of Nothingness : The Philosophers and the Buddha*, Chapel Hill : University of North Carolina Press, 2007.

Dumézil, George, *Mythe et épopée*, Paris : Gallimard, 1995.

Durkheim, Émile, *Les formes élémentaires de la vie religieuse*, 1912.

Étienne, Bruno and Raphaël Liogier, *Bouddhiste en France aujourd"hui*, Paris : Hachette, 1997.

Frédéric, Louis, *Buddhism : Flammarion Iconographic Guides*, Paris : Flammarion, 1995.

Harvey, Peter, *Introduction to Buddhism : Teachings, History and Practices*, Cambridge : Cambridge University Press, 1990.

Herge, *Tintin Au Tibet*, Casterman, 1960.[『티베트에 간 땡땡』, 류진현·이영목 옮김, 솔출판사, 2002.]

Herrigel, Eugen, *Zen in der Kunst des Bogenschiessens*, Bern, München, Wien : Barth, 1986.[『활쏘기의 선』, 정창호 옮김, 삼우반, 2004.]

Kapleau, Philip, *To Cherish All Life : A Buddhist View of Animal Slaughter and Meat Eating*, London : Harper & Row, 1982.

Lopez, Donald S. Jr., *Prisoners of Shangri-la*, Chicago: University of Chicago Press, 1998.

_____, *The Story of Buddhism: A Concise Guide to its History and Teachings*, New York: Harper One, 2002.

Michaux, Henri, *Un barbare en Asie*, Paris: Gallimard, 1933.

Murti, Tirupattur Ramaseshayyer Venkatachala, *The Central Philosophy of Buddhism, Routledge*, 1955.[『불교의 중심 철학』, 김성철 옮김, 1995.]

Ozeray, Michel-Jean-François, *Recherches sur Buddou ou Bouddou, instituteur religieux de l'Asie orientale*, Paris: chez Brunot-Labbee, 1817.

Poussin, Louis de La Vallée, *Bouddhisme: opinions sur l'histoire de la dogmatique*, G. Beauchesne & cie, 1909.

Rahula, Walpola, *What the Buddha Taught*, New York: Grove Press, 1974.[『붓다의 가르침과 팔정도』, 전재성 옮김, 한국빠알리성전협회, 2005.]

Revel, Jean-François and Matthieu Ricard, *The Monk and the Philosopher: A Father and Son Discuss the Meaning of Life*, New York: Schocken, 2000.[『승려와 철학자』, 이용철 옮김, 이끌리오, 2007.]

Sasaki, Ruth Fuller(trans.), *The Record of Lin-chi*, Kyoto: Institute for ZenStudies, 1975.

Segalen, Victor, *Journal des Îles*, Papeete: Ed. du Pacifique, 1978.

Snellgrove, D. L.(trans.), *The Hevajra Tantra: A Critical Study*, London: Oxford University Press, 1959.

Strong, John S., *The Buddha: A Short Biography*, Oxford: Oneworld Publications, 2001.

_____, *The Buddhist Experience: Sources and Interpretations*, Florence: Wadsworth Publishing, 2007.

Suzuki, Daisetz Teitaro, *Essays in Zen Buddhism: First Series*, London: Luzac, 1927.

_____, *Zen and Japanese culture*, New York: Pantheon Books, 1959.

Tashi Kedrup, *Adventures of a Tibetan Fighting Monk*, Bangkok: White Orchid Books, 1997.

Victoria, Brian, *Zen at War*, Boston: Weatherhill, 1997.

Watson, Burton(trans.), *The Lotus Sutra*, New York: Columbia University Press, 1993.

_____(trans.), *The Vimalakirti Sutra*, New York: Columbia University Press, 2000.

_____, *The Zen Teachings of Master Lin-chi*, New York: Columbia University Press, 1999.

Yampolsky, Philip B.(trans.), *The Platform Sutra of the Sixth Patriarch*, New York: Columbia University Press, 1978.

옮긴이 후기

베르나르 포르Bernard Faure 교수는 현재 서구 불교학계를 대표하는 학자 중 한 명이다. 포르 교수는 불교학 연구자이나, 그의 연구 영역은 단지 불교학 안에만 머물러 있지 않다. 포르 교수의 초기 연구는 선불교의 비평적 해석에 초점이 맞춰져 있다. 일본의 대표적인 선불교학자 야나기다 세이잔柳田聖山, 1922~2006에게 수학하며 완성한 박사 논문인 "The Will to Orthodoxy"(1997)는 선에 대해 잘 알려지지 않은 면모를 비판적으로 다룬 대표적 저작 가운데 하나이다. 그후, 선의 문화비평적 해석을 다룬 *The Rhetoric of Immediacy*(1991), 선에 대한 인식론적 비평을 다루고 있는 *Chan Insights and Oversights*(1993)는 서구학계에서 선불교 연구자들의 필독서가 된 지 이미 오래이다. 중기 이후 포르 교수의 학문적 관심은 중국 선불교에서부터 일본불교와 일본종교 전반으로 영역을 넓혀 갔다. 특히, 포르 교수는 기존 서구불교학에서 다루어지지 않았던 주제인 섹슈얼리티(*The Red Thread*, 1998), 꿈·상상의 문제(*Visions of Power*, 1996), 젠더(*The Power of Denial*, 2003), 폭력(*Bouddhisme et violence*, 2008),

서구철학과 불교와의 대화(*Double Exposure*, 2004), 중세 일본밀교의 신들(*Raging Gods*, 2011년 출간예정), 신경과학(집필 중) 등등 새로운 주제의 탐색에 늘 선구적이다. 그뿐 아니라 방법론상에서도 기존 불교학계의 편협한 연구형태에서 벗어나, 인류학적·사회학적 접근 및 포스트모던 철학적 해석을 통해 불교학을 다른 인문·사회과학과도 소통할 수 있는 길을 연 이 분야의 대가이다.

포르 교수는 다작과 동시에 명작을 내는 불교학자로 유명한데, 옮긴이가 처음 포르 교수의 저서를 접하게 된 때는 2004년 이른 봄으로, 당시 고려대학교에서 석사 과정을 막 시작하던 때였다. 첫 학기 첫 주, 지도교수님이시던 조성택 교수님과의 식사 자리에서 교수님은 석사 과정 마치기 전까지 많은 공부가 될 것이라는 말씀과 함께 책 한 권을 번역해 볼 것을 권유하셨다. 그때, 건네받은 책이 포르 교수의 *Chan Insights and Oversights*였다. 그렇게 맺게 된 포르 교수와의 첫 인연은 알지 못하는 또 다른 인연의 힘으로 계속 이어져, 당시의 그 대학원생이 지금은 포르 교수님의 박사 과정 지도 학생이 되었고, 또 우연찮은 좋은 기회에 이렇게 포르 교수의 가장 최근의 저서를 번역해서 출판하기까지 되었다.

『불교란 무엇이 아닌가』는 포르 교수의 저서 가운데, 학술적이면서도 대중적인 요소를 갖추고 있으며, 불교 전통이 가진 복잡성을 간단한 언어로 풀어내고 있는 매력 있는 책이다. 불교가 서양에 알려진 것이 벌써 수세기를 넘어가고 있지만, 여전히 서양에서는 불교를 바라보는 시각이 고정적이고 한정적이다. 게다가 오해와 편견으로 뭉쳐진 이런 시각은 종종 그것이 마치 정통인 듯 권위를 갖기까지 한다. 포르 교수는 이 책을 통해 저자 특유의 해체적 관점에서 이러한 기존 불교에 대한 시각 하나하나에 비판적 관점에서 물음을 던지고 있다. 따라서 이 책은 분량은 비교적 짧지만, 여러 가지 독법이 가능하다고 본다. 한편으로는 불교 전반에 대한 이해를 넓히는 쪽으로 읽을 수도 있을 것이며, 또 다른 한편으로는 서구에서 어떻게 불교가 이해되어 왔는지를 살피는 것도 가능할 것이다. 또 무엇보다도 책 전체를 통괄해서, 저자 포르 교수가 불교를 분석하는 날카로운 시선과 서술 방식을 꼼꼼히 살피는 것도 또 하나의 읽기 방법이 되지 않을까 한다.

끝으로 이 책이 번역되어 세상에 나오기까지 도와주신 분들이 너무 많다. 포르 교수의 저서 중 이 책에 관심을 갖고 번역을 제의하고 고된 편집작업을 맡아주신 그린비 편집부에 먼저 깊은 감사드린다. 또한 이 모든 것이 가능하도록 출판사를 소개시켜 주신 김영진 선생님께 특히 감사의 말씀을 전한다. 그리고 누구보다도, 한결같은 격려와 신뢰를 보내 주시는 사랑하는 부모님께, 친지와 친구들에게도 깊은 감사를 드린다. 또 부족하나마 지금까지 하고 싶은 공부를 업으로 할 수 있도록 도와주신 조성택 선생님을 비롯한 한국에 계신 여러 은사님들과 번역 과정에서 친절히 도와주신 포르 교수님께 지면을 빌려 감사의 마음을 전하고 싶다.

마지막으로, 이 책은 뽄요의 도움이 없었다면 불가능했을 것이다. 뽄요, 고마워.

2011년 2월 맨해튼에서

김수정

찾아보기